"十四五"普通高等院校物流类专业

现代供应链管理
战略、策略与实施

XIANDAI GONGYINGLIAN GUANLI ZHANLUE CELUE YU SHISHI

吴志华 ◎ 主编

金汉信 付晶 ◎ 副主编

企业管理出版社
ENTERPRISE MANAGEMENT PUBLISHING HOUSE

图书在版编目（CIP）数据

现代供应链管理：战略、策略与实施/吴志华主编
.-北京：企业管理出版社，2022.1
ISBN 978-7-5164-2467-4

Ⅰ.①现… Ⅱ.①吴… Ⅲ.①供应链管理 Ⅳ.
① F252.1

中国版本图书馆 CIP 数据核字 (2021) 第 168408 号

书　　名：	现代供应链管理：战略、策略与实施
书　　号：	ISBN 978-7-5164-2467-4
主　　编：	吴志华
策　　划：	寇俊玲
责任编辑：	刘玉双
出版发行：	企业管理出版社
经　　销：	新华书店
地　　址：	北京市海淀区紫竹院南路 17 号　　邮编：100048
网　　址：	http://www.emph.cn　　电子信箱：26814134@qq.com
电　　话：	编辑部 (010) 68701661　　发行部 (010) 68701816
印　　刷：	河北宝昌佳彩印刷有限公司
版　　次：	2022 年 1 月 第 1 版
印　　次：	2022 年 1 月 第 1 次印刷
开　　本：	787 毫米 × 1092 毫米　1/16
印　　张：	12.25 印张
字　　数：	215 千字
定　　价：	54.00 元

版权所有　翻印必究　·　印装有误　负责调换

前　言

本书首次按现代供应链战略、策略（供应链产品策略、供应链物流策略与供应链关系策略）与实施（供应链流程管理、供应链控制管理、供应链信息管理）的管理思路搭建框架，着重诠释具有现代供应链管理个性特点的牛鞭效应理论与费舍尔供应链匹配理论，现代供应链管理的绿色发展、智慧发展与平台发展，介绍可供选择的现代供应链战略、策略及其实施路径、手段与方法，对江苏物润船联等供应链创新与示范案例进行理论分析。

特别感谢南京财经大学营销与物流管理学院陶经辉副院长与徐顺志主任，江苏一带一路研究院以及供应链管理教学团队中与粮食物流供应链研究团队中的金汉信、付晶、窦亚冬、王晔等老师，正是他们独立、严谨与"苛求"的治学态度，以及团结协作的精神，使这本教材得以顺利出版。同时要感谢南京江北新区枢纽办的居东处长、江苏物润船联的朱光辉董事长、苏宁物流的岳从发主任、肽坦生命科技陈囡铨总经理、洋河股份供应链管理中心总经理姚忠明及主任徐艳丹、江苏物流协会的侯普秘书长，以及这些年来经常在一起进行课题研究的刘克俭、董锦武、沙志平、袁华山、马永刚、胡非凡与黄海艳等，正是他们的热切关心与工作支持，才使我们在供应链管理前沿追踪、案例研究等方面的工作得以顺利地进行，从而为提高本书质量提供了非常宝贵的支持。

本书编写由南京财经大学牵头并组织，吴志华任主编，金汉信与付晶任副主编。主要执笔分工：吴志华（第1~2章）；吴志华与付晶（第3~4章）；方雪琳（第5章）；付晶与王晔（第6章）；金汉信（第7~8章）；窦亚冬（第9章）。值得一提的是，周嘉豪、陈丹丹、郑慧敏、刘念、苑浩妍、陆芳婷、赵媛媛、王璐、刘业深、唐婷婷、张雅婷、周丹、徐正义、杜一鸣等参与了本书主要章节素材的收集、部分初稿撰写与表图整理等工作，作者在此对项目组所有成员的精诚合作表示最诚挚的感谢。

本教材出版得到了南京财经大学国家级一流物流管理专业建设经费的支持。

由于本书的视角独特，加上研究与撰写、修改过程中人员众多、素材丰富，因此尽管课题组尽了努力，但一些疏漏在所难免。谨希同行赐教！

本书可作为高等院校物流管理与相关专业"供应链管理"课程的教学用书，也可作为相关理论研究者与供应链管理从业人员的重要参考书，以及企业中高端培训教材。

本书还配备了电子教学资料包，包括电子教案、教学指南、练习题答案等，能够为教师授课和学生学习提供诸多便利，请通过以下联系方式获取。

电话：（010）68701661　企业管理出版社编辑部

邮箱：qyglcbs@yeah.net

吴志华

2021 年 7 月

目 录

第1章 现代供应链管理导论 …………………………………………………… 1
1.1 现代供应链的产生与发展 ………………………………………………… 1
1.2 现代供应链与价值链、产业链比较 ……………………………………… 3
1.3 现代供应链管理的特征 …………………………………………………… 4
1.4 本书技术路线与导引 ……………………………………………………… 6
复习思考题 ……………………………………………………………………… 7

第2章 现代供应链管理环境 …………………………………………………… 8
2.1 现代供应链管理环境及其分类 …………………………………………… 8
2.2 现代供应链环境的 SWOT 综合分析法 ………………………………… 10
2.3 从纵向一体化到供应链一体化环境变化 ……………………………… 14
复习思考题 …………………………………………………………………… 15

第3章 现代供应链管理战略 ………………………………………………… 16
3.1 现代供应链战略匹配与创新 …………………………………………… 16
3.2 现代供应链外包战略 …………………………………………………… 21
3.3 现代供应链创建战略 …………………………………………………… 23
3.4 现代供应链整合创新战略 ……………………………………………… 27
3.5 案例：常州粮食现代物流中心供应链整合战略 ……………………… 33
复习思考题 …………………………………………………………………… 36

第 4 章　现代供应链产品策略 ······ 37

4.1　费舍尔供应链匹配模型及创新 ······ 37

4.2　现代供应链产品生命周期策略 ······ 48

4.3　品类供应链策略 ······ 49

4.4　案例：肽坦生物科技（成都）有限公司的蛋白转化事业 ······ 50

复习思考题 ······ 51

第 5 章　现代供应链物流策略 ······ 52

5.1　从牛鞭效应看现代供应链物流的发展 ······ 52

5.2　现代供应链储运策略 ······ 57

5.3　绿色供应链物流策略 ······ 65

5.4　案例：苏宁智慧物流助推绿色供应链创新发展 ······ 67

复习思考题 ······ 69

第 6 章　现代供应链关系策略 ······ 70

6.1　现代供应链关系的主体策略 ······ 70

6.2　现代供应链战略合作伙伴关系 ······ 79

6.3　现代供应商关系管理策略 ······ 85

6.4　现代供应链客户关系策略 ······ 89

6.5　现代供应链应急关系 ······ 93

6.6　案例：双区联动的西坝战略合作伙伴关系 ······ 95

复习思考题 ······ 96

第 7 章　现代供应链流程创新与管理 ······ 97

7.1　现代供应链流程创新与管理概述 ······ 97

7.2　SCOR 模型 ······ 99

7.3　现代供应链环境下的业务流程再造 ······ 112

7.4　案例：信元供应链从设计到货品配送到店的业务流程 ······ 118

复习思考题 ······ 120

第8章 现代供应链控制管理 121
8.1 现代供应链绩效管理 121
8.2 现代供应链风险管理 132
8.3 现代供应链成本控制 151
8.4 案例：物润船联现代供应链创新与应用示范 162
复习思考题 165

第9章 现代供应链信息管理 166
9.1 智慧供应链与供应链信息化 166
9.2 现代供应链信息管理技术 170
9.3 现代供应链信息平台建设 173
复习思考题 182

参考文献 183

第 1 章　现代供应链管理导论

1.1　现代供应链的产生与发展

1.1.1　20 世纪 80 年代始的供应链管理

供应链管理（Supply Chain Management，SCM）这一名词最早于 20 世纪 80 年代由 Oliver 和 Webber 提出。Evens 的定义是：供应链管理是通过前馈的信息流和反馈的物料流及信息流，将供应商、制造商、分销商、零售商，直到最终用户连成一个整体的管理模式。而 Phillip 认为：供应链管理不是供应商管理的别称，而是一种新的管理体制策略，它把不同企业集成起来，以提升整个供应链的效率，注重企业之间的合作。全球供应链论坛[①]给出的定义为：供应链管理是从原材料供应商一直到最终用户的关键业务过程的集成管理。国家标准《物流术语》（GB/T 18354—2021）的定义为：供应链管理是从供应链整体目标出发，对供应链中采购、生产、销售各环节的商流、物流、信息流及资金流进行统一计划、组织、协调、控制的活动和过程。马士华认为：供应链是围绕核心企业，通过对信息流、物流、资金流的控制，从采购原材料开始，制成中间产品以及最终产品，最后由销售网络把产品送到消费者手中的将供应商、制造商、分销商、零售商，直到最终用户连成一个整体的功能网链结构模式。

本书作者认为，供应链管理是围绕核心企业，借助于信息管理技术，将从原材料采购，产品制造、分销，到将产品交付给最终用户全过程的相关业务流程（商流、物流、信息流、资金流）进行协同运作的管理总称。其目的是在提高客户满意度的同时，降低整个供应链系统的成本。其基本要点如下。

---

① 1993 年成立的一个世界性非营利组织和学术研究机构，定期举办研讨会议，对供应链管理进行研究和探讨，以进一步促进供应链管理的理论和实践发展。

①以流程为中心,强调从职能管理向过程管理转变。

②注重顾客价值与灵活性,强调从利润管理向绩效管理转变,以及从产品管理向顾客管理转变。

③注重供应商与客户关系管理,强调从交易管理向关系管理转变。

④用信息来驱动、代替库存,强调从库存管理向信息管理转变。

⑤强调专长基础上的内外资源协同利用,以及推迟定制等方法的运用。其中推迟定制指在设计产品时,将产品的制造和订单执行过程尽可能地标准化,在提高客户价值的同时,提高了资产利用率。

1.1.2 党的十九大首提 "现代供应链"

党的十九大报告提出,"在中高端消费、创新引领、绿色低碳、共享经济、现代供应链、人力资本服务等领域培育新增长点、形成新动能"。

胡奇英等（2020）认为"现代供应链是以全面平衡地满足人民群众美好生活的需求、构建人类命运共同体为目标,在一定时间内,以整合某个区域内的资源为手段,运用各种现代技术（大数据、云计算、物联网、人工智能等）,在为各利益相关方创造价值的同时,使之高效协同如同一家企业般的组织形态"。本书作者认为,现代供应链是借助于各种现代技术（大数据、云计算、物联网、人工智能等）,围绕现代核心企业形成的一个功能性网链结构与高效协同体,它涉及从供应商的供应商到客户的客户的全过程。

"现代"二字为我国供应链实践与创新赋予了鲜明的时代特征。从功能上讲,现代供应链是现代化经济体系的一个重要组成部分。在国家层面,它促进供给侧结构性改革、激发经济新动能,推动国家参与全球供应链竞争;在产业发展层面,它承载着推动产业组织方式变革、治理机制创新的任务;在企业层面,它更是商业模式转型升级、塑造企业竞争力的决定性因素。

1.1.3 现代供应链管理与供应链服务

与现代供应链密切相关的概念是现代供应链管理与供应链服务。现代供应链管理是围绕核心企业,借助于现代信息管理技术,将从原材料采购、产品制造、分销,到将产品交付给最终用户全过程的相关业务流程（商流、物流、信息流、资金流）进行协同运作的管理总称。它强调以客户需求为导向，以数据为核心要素，运用现代信息技术和现代组织方式将各环节和相关资源进行高效整合、优化和协同。2017年第四次修订的国家标准《国民经济行业分类》（GB/T 4754—2017）明确指出："供应链管理服务是基于现代信息技术对供应链中的物流、商流、信息流和资金流进行设计、规划、控制和优化，将单一、分散的订单管理、采购执行、报关退税、物流管理、资金融通、数据管理、贸易商务、结算等进行一体化整合的服务。"这次修订结束了供应链管理服务行业长期未被纳入国民经济行业分类的处境。

值得一提的是，我国供应链管理在不同地域和不同产业间存在着较为突出的发展不均衡和不充分的问题。一方面，数字经济对传统供应链形成冲击，以互联网为主的信息与通信技术（ICT）提供了供应链优化决策、流程再造的工具，使得一部分先进的企业得以迅速发展，甚至赶超欧美。譬如研发人工智能控制的生产物流线、创新跨界整合上下游资源方式、重新定位并选择供应链生态圈合作伙伴，等等。另一方面，我国以粗加工、组装、代工为主要业务的劳动密集型企业较多，这些企业对现代供应链的概念并不了解，创新能力普遍不足，管理水平落后，现代化供应链管理手段和管理理念没有得到充分发挥，高端供应链管理人才缺乏，尚未普遍采用相关信息技术。

1.2 现代供应链与价值链、产业链比较

价值链是哈佛大学迈克尔·波特教授于1982年在研究企业的竞争优势时提出的。波特认为每一家企业都是设计、生产、营销、交货以及对产品起辅助作用的各种活动（材料供应、技术、人力资源、售后服务等）的集合（见图1-1）。企业的价值创造是通过一系列活动实现的，这些活动可分为基本活动和辅助活动两类。基本活动包括内部后勤、生产作业、外部后勤、市场和销售、服务等；而辅助活动则包括采购、技术开发、人力资源管理和企业基础设施等。这些活动在公司的价值创造中相互联系，组成公司价值增值的链条，也就是说，这些活动构成了一个创造价值的动态过程，即价值链。

价值链可微观、可中观、可宏观。从微观的层面来看，是基于工序链条的价值链；从中观的层面来看，是基于供应链的价值链或供应价值链，供应链上的每一个成员为价值链贡献价值，实现企业资源的更大范围利用和有效价值增值；从宏观的层面来看，则是产业价值链，即各行业对整体产业的价值链。人们熟知的微笑曲线就是一条产业价值链，展示其中每一个行业的价值大小及其相互关联。

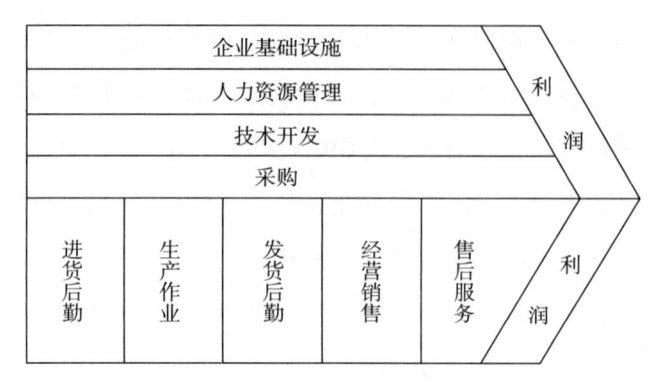

图 1-1 价值链模型

价值链理论与供应链理论从不同的层面描述了当前企业发展应遵循的原则与方向。企业在基于供应链的发展过程中必须考虑整个供应链价值的优化，这也是价值链的核心所在。企业只有分清企业的各种活动，并确定各种活动在企业发展过程中的作用与地位，评估自身的比较优势以进行内外资源的有效整合与利用，才能更好地以较低的成本创造较高的价值，整个价值流程才是富有成效的。供应链管理正是企业在发展过程中寻求价值链最优的表现。

产业链是指行业供应链，即行业与行业的相连与集合。如汽车业产业链结构为"相关工业—汽车零部件制造业—汽车整车制造业—服务贸易业"。汽车业以汽车整车制造业为核心，向上可延伸至汽车零部件制造业以及和零部件制造相关的其他基础工业，向下可延伸至服务贸易领域，包括汽车销售、维修、金融等服务。此外，在汽车产业链的每一个环节都有完善的支撑体系，包括法律法规标准体系、研究开发体系、认证检测体系等。

供应链通常指企业供应链，它与产业链（行业供应链）的相同之处是，连接最上游的原材料厂商，中游的零部件厂商、品牌商，以及销售渠道与最终用户。两者的区别是：供应链的组成单位是企业，产业链的组成单位是行业；供应链是管理学的研究对象，是由具体企业组成的动态运作，而产业链是经济学的研究对象，由抽象的行业组成，具有静态特性。

1.3 现代供应链管理的特征

虽然现代供应链管理的概念处于不断的发展中，人们对其特征的总结各不相同，但它还是有一些相对稳定的基本特征。

1. 现代供应链管理的一体化、全球化与风险性

现代供应链管理的一体化是在纵向一体化与横向一体化基础上综合而成的。现代供应链管理一体化是全球一体化背景下从源头到消费者最终消费所涉及的所有环节的协同，同时，这种协同也对全球一体化本身产生影响，表现为"蝴蝶效应""马太效应""搭便车行为"与"信息生态不平衡"等现象，以及供应链中断等安全风险。

2. 现代供应链管理的信息化与数字化

5G/6G 网络技术的应用，大数据、云计算、物联网、区块链、人工智能等技术的兴起，带动智慧工厂、智慧物流、智能仓库等的发展，推动全链条信息共享和可视化，极大提升供应链敏捷性、现代性和智能性。企业纷纷探索 5G 技术在智能物流园区、自动分拣、冷链、蜂窝物联网、无人机配送等多个智能物流领域的应用。更进一步看，5G 结合 AI、云计算、物联网等技术，能够推动物流仓储环境智能化，助推物流运输全自动化，支撑供应链物流数据计算平台，推动区块链技术维护物流安全等，从而加快以数字化为重要特征的智慧供应链发展，提升端到端供应链管理信息化支撑能力。

3. 全生命周期的供应链管理服务化与核心企业多元化

中国社会经济结构的加速变化促使新的多样化消费群体崛起，商业需求呈现多元化与快速迁移变化等特征，使得产品上市周期大幅缩短，供应链的资源整合与及时响应的服务压力剧增。为此，需要准确识别、快速满足用户的需求，并提供持续的产品全生命周期服务，同时基于数据反馈，进行产品与服务升级，满足定制化需求等。以客户为中心，快速提供定制化的产品和服务，是"消费为王"背景下多种渠道整合的终极目的。在消费者需求和新技术的双重驱动之下，现代供应链运作呈现全生命周期服务化特征，怡亚通等供应链管理服务型企业强势崛起。此时商业内在逻辑驱动供应链从线性向网状迭代，核心企业呈现多元化态势，出现了核心企业与供应链管理服务商协同统筹端到端供应链"物流＋服务"交付的优化模式。

4. 现代供应链管理的匹配性

随着分工和协作的不断深入，现代供应链参与主体越来越多，地域范围越来越广，逐渐从简单的封闭式、静态化、线性结构向复杂的开放式、动态化、网络结构转变，呈现出了与环境变化相匹配的组织复杂性特征。另外，这种匹配性也与产品的市场特性有关（参见第 4 章），还与不同区域的社会文化等方面的个性有关。

除此之外，现代供应链管理还有流程的标准化，组织结构的复杂化与活动要求柔

性化、个性化等特征。

1.4　本书技术路线与导引

现代供应链管理产生与发展的脉络表明了现代供应链管理崛起的内在逻辑关系（见图1-2），从供需环境变化、企业机会成本增加，到外包产生与发展、企业交易成本增加，再到以企业间合作为重要内容的供应链创建、整合等。广义地讲，企业机会成本增加、外包产生与发展、企业交易成本增加与企业间合作加强等本身就是供应链管理环境的重要内容，对供应链管理产生着越来越重要的作用。为此，本书在第1章导论后，接着就讲第2章供应链环境，主要对环境与供应链管理的关系，供应链管理环境分析的方法与程序等方面进行阐述，这些内容都为有针对性地制订并实施供应链管理战略（第3章）做铺垫。

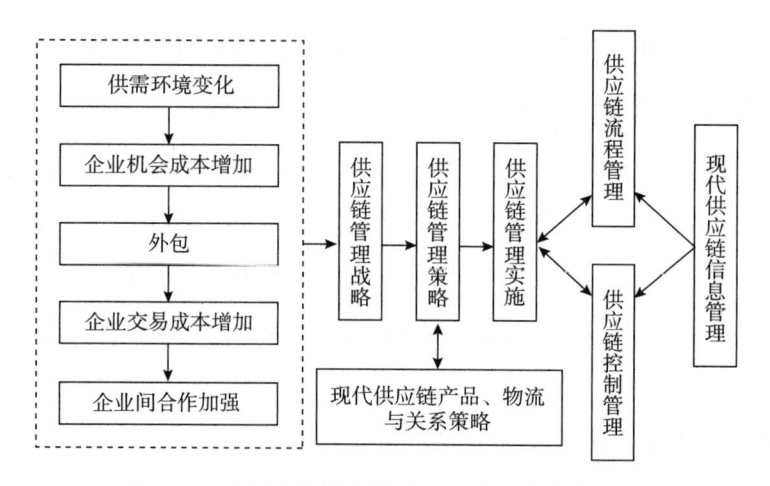

图1-2　现代供应链管理战略、策略和实施框图

依据企业涉入供应链的程度，供应链管理战略大致可以分为供应链外包战略、供应链创建战略与供应链整合战略。而每一种战略都应细化为实操性更强的供应链产品策略（第4章）、供应链物流策略（第5章）与供应链关系策略（第6章）。供应链管理的基本内容是在发挥专长的基础上积极进行供应链伙伴合作关系处理，使与供应链产品特性相匹配的供应链物流得到快捷与有效的实施等。要做到这一点，就必须使战略与策略转化为一个个可操作的流程，不失时机地进行流程再造，即供应链流程管理（第7章）；就必须进行供应链管理绩效评价、成本控制、成员激励与风险防范，即供应链控制管理（第8章）；就必须强化期间的供应链信息管理（第9章）。

复习思考题

1. 如何理解现代供应链的产生与发展?
2. 如何理解现代供应链本质与现代供应链创新,并将其运用到学习、生活中?

第 2 章　现代供应链管理环境

我们正处于一个大机遇与大危机并存的时代，网络技术突飞猛进，风险成本越来越高。网络载体把供应链主客体摆在一间间虚拟会议室里，组成了一个信息互通、结构繁杂的系统。管理者需要借助于平台，用更加人性化、精细化、现代化的方法和手段与纷繁复杂的外部环境进行动态沟通，唯有这样，才能动态地实现现代供应链创新的战略制胜。

2.1　现代供应链管理环境及其分类

供应链管理环境是指存在于供应链内外部的、影响供应链运行的各种因素与力量的总和。例如，2017 年国务院办公厅发布《关于积极推进供应链创新与应用的指导意见》，显示了国家对供应链创新发展的高度重视；2020 年，《关于规范发展供应链金融支持供应链产业链稳定循环和优化升级的意见》出台，助力供应链金融发展。企业应积极接收并运用供应链管理环境的相关信息。

2.1.1　现代供应链管理宏观环境

供应链管理的宏观环境分析，指对供应链管理过程中的政治法律（Politics）、经济（Economy）、社会文化（Society）与科学技术（Technology）等方面的环境因素的分析，简称 PEST 分析（见图 2-1），其目的在于制定与环境相适应的战略与策略。

按照法赫（L. Fahey）和纳那亚南（V. K. Narayanan）的观点，宏观环境分析可以分为四个步骤或四类内容：①环境的扫描（Scanning）；②环境的监察（Monitoring）；③环境的预测（Forecasting）；④环境的评估（Assesment）。

国内外许多产业的数字化、高端化转型，将带来全球范围产业分工的进一步细化，这对企业的供应链管理、资源整合与协同能力提出了更高要求。

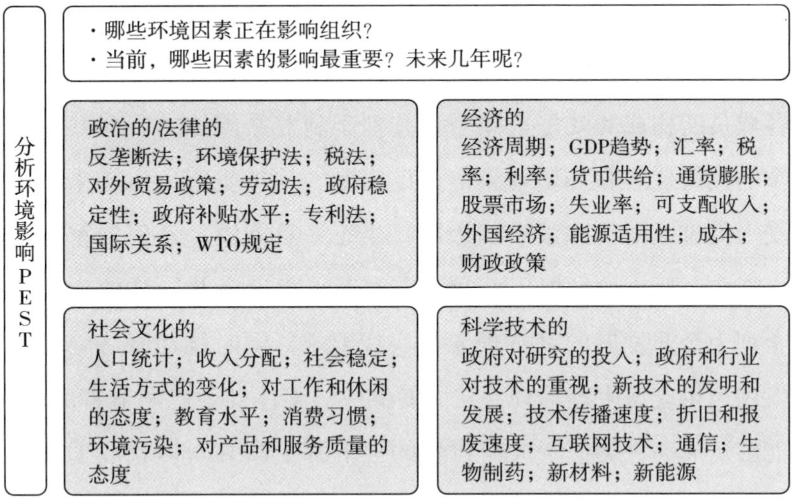

```
分析环境影响PEST
```
- 哪些环境因素正在影响组织？
- 当前，哪些因素的影响最重要？未来几年呢？

政治的/法律的
反垄断法；环境保护法；税法；对外贸易政策；劳动法；政府稳定性；政府补贴水平；专利法；国际关系；WTO规定

经济的
经济周期；GDP趋势；汇率；税率；利率；货币供给；通货膨胀；股票市场；失业率；可支配收入；外国经济；能源适用性；成本；财政政策

社会文化的
人口统计；收入分配；社会稳定；生活方式的变化；对工作和休闲的态度；教育水平；消费习惯；环境污染；对产品和服务质量的态度

科学技术的
政府对研究的投入；政府和行业对技术的重视；新技术的发明和发展；技术传播速度；折旧和报废速度；互联网技术；通信；生物制药；新材料；新能源

图 2-1　环境分析（PEST）

2.1.2　国内外经济双循环与现代供应链管理行业环境

根据所涉及的原材料是否具有生物属性，可以把供应链分为涉农供应链和工业连接型供应链。涉农供应链主要涉及对动植物等具有生命的原材料的生产、加工制造、分销至消费者最终消费的过程，如粮食供应链、棉花供应链、生鲜食品供应链、乳业供应链与烟草供应链等。工业连接型供应链主要涉及对非生物原材料的采掘、提取、初级加工、制造与分销过程，如钢铁供应链、汽车供应链、电子供应链等。另外，现实中还存在着这两种基本类型交叉、叠加而成的混合供应链。

现代供应链行业环境分析主要有四个方面：行业竞争结构分析、行业生命周期分析、行业规模结构分析和行业技术状况分析。

目前及未来一段时间内，国际形势纷繁复杂，经济发展面临巨大挑战，但总体而言，我国仍处于重要的战略机遇期，只是机遇和挑战的内涵发生了重大变化。随着外部环境和我国发展所具有的要素禀赋的变化，市场和资源"两头在外"的国际大循环动能明显减弱，而我国内需潜力不断释放，国内大循环活力日益强劲。国家积极引导、推动产业转型升级，并支持供应链创新、全球化发展，以及新型基础设施建设等。这些自然也成为未来一段时间内现代供应链管理行业环境的突出特点。

2.1.3　生命共同体与现代供应链管理内部环境

国家主席习近平2021年4月22日在"领导人气候峰会"上发表重要讲话。习近平强调，构建人与自然生命共同体，要坚持人与自然和谐共生，坚持绿色发展，坚持系统治理，坚持以人为本，坚持多边主义，坚持共同但有区别的责任原则。

供应链各成员所构成的就是这样一种有别于利益共同体的生命共同体或生态共同体。日益严重的气候变暖和环境污染等问题警示，地球生态危机越来越严重，地球已达到其能承受人类过度消费和浪费的极限。生态一旦崩溃，任何国家与供应链都不能幸免。为此，在应对巨大的发展压力时，应主动承担生命共同体的责任，将绿色可持续、协同安全列为企业发展的基本理念与底线要求，同时推动经济结构转型升级，创新绿色科技发展与供应链生态治理，从而使供应链整体处于趋利避害的有利发展境地。为此，是否能够构成一种类似于人与自然的上下游生命共同体就成了供应链内部环境分析的重要内容。

供应链内部环境的分析，是对供应商、分销零售商、顾客及企业等供应链成员进行的分析。供应商是影响企业经营的微观环境的要素之一。供应商是指向企业及其竞争者提供生产产品和服务所需资源的企业或个人。在供应链上，分销商是连接制造商和客户的纽带，是实现商品从制造商向客户流动的经济实体。它利用其拥有的供求信息，通过提供采购、存货、运输、促销、融资、风险承担等服务，加快产品、资金和信息在制造商和客户之间的流动，是商品流通过程中的润滑剂。一般而言，选择好的分销商将有助于节约制造商的交易费用，规避交易风险与投资风险，提高库存管理的效率，为客户提供更好的服务，等等；缺乏信用基础、不尊重制造商企业文化、不遵守市场规范的分销商将不会给企业带来任何价值。所以，分销商的选择在企业的发展战略中越来越不容忽视。企业与供应商和中间商保持密切关系，是为了有效地向目标市场提供商品与劳务。

2.2 现代供应链环境的 SWOT 综合分析法

现代供应链环境所涉及的内容复杂多变，对其进行分析可以采用宏观、中观与微观的很多方法。这里着重介绍 SWOT 综合分析法。

"SWOT"这四个字母中的"S"（Strengths）代表优势，"W"（Weaknesses）代表劣势，"O"（Opportunities）代表机会，"T"（Threats）代表威胁。SWOT 分析的主要思想就是：抓住机遇，强化优势，避免威胁，克服劣势。使用这个方法的前提条件是企业对一个（或几个）业务领域已经有了初步的选择意向。SWOT 分析的目的是进一步考察这些业务领域是否适合企业经营，是否能让企业建立持久竞争优势。SWOT 分析法用于企业经营环境分析时，有以下特点。

①它是定性和定量相结合的方法。

②它能将内外因素有效地结合，增强分析的系统性和战略制订的针对性。

③较为简便，易掌握，便于推广，可以为企业经营战略的制订提供有力的支持和帮助。

2.2.1　企业优劣势分析

企业的优势是指其所具有的相较于其竞争对手的综合优势。而企业的优势究竟应该由谁来评判呢？可以认为，竞争优势是指在消费者眼中一家企业或它的产品有别于其他竞争对手或产品的任何优越之处，可以体现在产品的风格、包装、质量、可靠性、实用性等方面。

由于竞争优势来源广泛，因此确认竞争优势比较困难，所以在做优劣势分析时必须从整个价值链的每个环节上，将企业与竞争对手做详细的对比。比如，产品设计是否新颖，制造工艺是否精细，销售渠道是否畅通，以及价格是否具有竞争性等。如果一家企业在某一个方面或几个方面的优势正是该行业企业应具备的关键成功要素，那么该企业的综合竞争优势就强一些。

企业的劣势是指一家企业相较于其他企业所欠缺的或做得不好的方面，或者指某种会使企业处于劣势的条件。一项劣势究竟会不会使一家企业在竞争中受到伤害，取决于相关要素在市场上的重要程度及这项劣势会不会被企业所拥有的优势所抵消或减弱。

2.2.2　机会和威胁分析

市场机会是影响企业战略的重大因素。一般来说，企业的管理者如果不能认识企业面临的机会，评判机会所带来的成长和利润前景，不能采取抓住机会的策略，那么其制订的战略就不可能很好地适应企业所面临的形势。

企业所面临的机会往往取决于企业所处的行业环境，有时可能遍地都是，有时则极为罕见，有时可能很有吸引力（即通常所说的那种必须追逐的机会），有时也可能不能引起企业的兴趣（往往处于企业战略优先序列的低端）。

在评价企业所面临的市场机会并对这些市场机会进行排序时,企业的管理者必须避免将每一个行业机会都看作企业的机会,并不是行业中的每一家企业都有足够的必要的资源能力来追逐行业中存在的每一个机会。有些企业在某些机会被利用之前就可能被无情地淘汰。明智的战略管理者往往对这些情况非常警觉,也许企业的资源强势和资源弱势使企业更适合追逐某些具体的机会,也许出现的机会同企业现有的资源并不是很相称。当然,如果企业可以采取积极的措施获得现在没有的资源,这些机会就仍然有着吸引人的成长潜力。最适合企业的市场机会是这样一些机会:它们同企业已经拥有的或能够设法获得的资源能力相匹配;它们能够为企业创造利润,让企业成长,使企业获得竞争优势。

企业的威胁是指环境中一种不利的发展趋势所形成的挑战,如果不果断采取战略行动,这种不利趋势将导致公司的竞争能力被削弱。

一般来说,在企业的外部环境中总存在着某些对企业的盈利能力和市场地位构成威胁的因素。例如,出现了更新的技术;竞争对手推出了新产品或更好的产品;成本更低的外资竞争厂商进入了企业的市场根据地;容易受到利率上升的冲击;可能被对手接管;企业建有生产设施的外国,其政府出现大的变动等。成功的战略管理者心目中的目标是:抓住企业最好的发展机会,建立对那些危及企业竞争地位和未来业绩的外部威胁的防御。将企业的战略同企业面临的形势相匹配要做到:追逐那些能够同企业的资源能力相匹配的市场机会,建立相关的资源能力,防御那些危及企业业务的外部威胁。

2.2.3 用 SWOT 方法制订企业战略

SWOT 方法可以用于企业制订战略,它为企业提供了四种可以选择的战略类型:SO 战略、WO 战略、ST 战略、WT 战略,见表 2-1。

表 2-1　SWOT 战略分析

	机会（Opportunities）	威胁（Threats）
优势（Strengths）	SO 战略	ST 战略
劣势（Weaknesses）	WO 战略	WT 战略

SO 战略是利用企业内部的长处去抓住外部机会的战略。一般来说，企业在使用 SO 战略之前可能先使用 WO 战略、ST 战略、WT 战略，从而为成功实施 SO 战略创造条件。当企业有一个致命弱点时，应该努力将其克服，使其变成优势；当企业面对重大威胁时，应努力规避它，以便把精力放在利用机会上。

WO 战略是利用外部机会将企业的劣势转变为优势的战略。有时企业外部有机会，但其内部的某一弱点使得其不能利用这个机会。一个可能的 WO 战略就是通过引进设备和先进设计来提高产品的质量和开发新品种，当然也可以通过聘用和培训工人及其他方法来实现这一目标。

ST 战略是利用企业的长处去规避或减轻外在威胁的打击。

WT 战略是直接克服内部弱点和规避外部威胁的战略，目的是将弱点和威胁的影响弱化。WT 战略是一种防御性战略，如果一家企业面对许多外部威胁和内部弱点，那么它可能真的处在危险境地，因此它不得不寻找一种合并或收缩的战略，或者在宣布破产和被迫清盘之间做出选择。

2.2.4　SWOT 分析方法在现代供应链管理环境下的局限性

SWOT 方法用于对企业环境进行分析时，分别对内部条件和外部环境进行界定，没有把企业环境当作一个整体进行考虑。它也没有深入研究企业内部条件（优势、劣势）各因素与外部环境（机会、威胁）各因素之间的相互联系，这在一定程度上割裂了事物的整体性。

传统 SWOT 分析对优势、劣势、机会和威胁的界定模糊，主观因素占据主导地位。SWOT 分析没有对企业所面临的"SWOT"给出一个明确的定义，只是凭借分析人员的主观判断，缺乏合理的、定量的方法。

SWOT 分析往往在识别企业的优势、劣势、机会、威胁等因素后根据 SWOT 矩阵来制订相应的战略，并没有定量地计算各因素的权重，没有根据各因素对企业影响的重要程度排序，忽略了各因素的重要性差异。

SWOT 分析在应对外部环境的变化上也显露了其局限性：分析以静态为主，缺乏对动态环境因素的考虑。SWOT 分析模型一般是对在某一时刻影响企业竞争的相关环境因素进行分析，具有静态性，对某个因素的变动不敏感，而环境却是不断变化的，所以 SWOT 分析得到的企业整体分析结果可能滞后。

2.2.5 基于层次分析法的 SWOT 方法的改进

层次分析法的基本思路是：首先找出目标问题涉及的主要因素，根据这些因素的关联、隶属关系构建递阶层次模型；其次在每一层次按照某一规则对因素进行逐对重要性比较，建立判断矩阵，通过计算判断矩阵的最大特征值和对应的正交化特征向量，得出该层因素对于该准则的权重；最后在这个基础上计算出各层次因素对总体目标的组合权重，从而得出不同设想方案的权值，为选择最优方案提供依据。

①关键环境因素选择层次模型：使用层次分析法对影响企业竞争和发展的环境因素进行分析，提取出关键的环境因素。

②最优战略选择层次模型：把由第一个模型确定的影响企业最优战略选择的关键环境因素放入准则层，再用层次分析法对最优战略方案进行选择。

具体计算步骤见图 2-2。

- 明确环境影响因素
- 建立权重判断矩阵
- 计算单准则条件下指标的权重系数
- 进行一致性检验
- 计算组合权重
- 通过得出的关键环境因素，构造最优战略选择层次模型

图 2-2 基于层次分析法的 SWOT 方法的改进

2.3 从纵向一体化到供应链一体化环境变化

所谓纵向一体化，指的是企业通过价值链的上下延伸拓展经营业务的发展方向。纵向一体化可有效改善企业从产出到营销的各个环节，进而有利于企业在发展过程中把握全局，以及在竞争中占据主动地位。供应链管理环境不是一成不变的，纵向一体化也有其局限性，体现在对当下环境的不适应：缺乏快速响应能力、市场风险不断增加、代价大、需要不同的技能和管理能力，不利于形成和强化核心竞争力。

横向一体化是指针对同一市场或相关市场的扩张。进行横向一体化的目的较为多样，除了占据更大市场之外，降低成本、提高竞争力也是重要动因之一。当企业发展到一定程度，已在某一方面或某几方面具有较强优势后，逐渐出现与市场不相适应的情况时，可采取此种战略形式。横向一体化的核心思想是关注核心业务，将非核心业务委托或外包给合作伙伴，充分发挥企业的核心竞争优势。一般来说，横向一体化的实施表现为强弱联合，大型企业是联合的母体，中小企业或专业化企业是被联合的主体。它的特征是生产的专业性、市场的广泛性、产品的标准性、管理的延展性、组织的柔韧性和信息的共享性。与纵向一体化一样，它也存在着一些缺陷：规模过大可能带来的规模不经济、抵御风险的能力降低、管理难度增大和技术扩散风险增大。

供应链一体化是指将部分组合为一个整体，也可称为集成化，其思想精髓是集中优势专注于核心业务，对于非核心业务采取放松管制、分离、剥离、外包的措施。供应链一体化是一个系统概念，它包括功能一体化、空间一体化、跨期一体化（分级规划），即采购、生产、运输、仓储等活动的功能一体化，在地理上分散的供应商、设施和市场的空间一体化，在战略层、战术层与运作层上的分级一体化，以及产品的供应链在整个生命周期达到最优。分级规划要求在各个规划层次上互相重叠的供应链决策具有一致性。其中战略层规划包括长期规划中的资源获取决策，战术层规划包括中期规划中的资源分配决策，运作层规划包括短期经营行为的决策。

供应链一体化的形成是一个不断集成的过程，集成的目的在于消除各部门及各企业间沟通的障碍，使供应链各环节连接更紧密。供应链一体化综合了横向一体化与纵向一体化两种模式的优点，摒弃了两者的缺点，是更加适合现代供应链环境的管理方式。

复习思考题

1. 如何理解现代供应链一体化？
2. 如何用SWOT方法分析供应链竞争环境？
3. 简述现代供应链管理环境的最新态势及其影响。

第3章 现代供应链管理战略

3.1 现代供应链战略匹配与创新

战略为企业发展提供了方向,量子思维则为其提供了新的思路。并非孤岛的一家企业嵌入复杂、动态的系统之中,企业组织形态将从链式结构向网状结构演变。这就需要积极外包,划小业务单元,将经营权下放或去中心化,形成众多相关的小权力中心,通过量子化的柔性组织结构将产品、顾客、服务以网状结构连接起来,以内外部资源整合,以及内外部网络相匹配的组织形态适应复杂、快速变化的供应链环境。在战略制订方面,可以依据测不准原理,努力适应表面无序实则有序的产业环境,并构建与其相匹配的供应链生态战略。在战略执行方面,注重网络化、服务化的执行,同时努力将产业链分工、模块化组织、海量数据挖掘与相关技术的重组及再应用进行协同优化或系统再造,确保创新性整合、利用更多的内外部资源。

3.1.1 现代供应链管理战略及其基本特征

供应链管理是企业为了更好地适应竞争要求而打造的一种新型战略管理模式。现代供应链管理战略是从企业战略合作高度对供应链进行全局与长期性的谋划,涉及原材料的获取和运输,产品的制造与服务的提供,产品配送和售后服务的方式与特点,以及服务支撑,营商环境改善与供应链生态体系完善等。在库存方面,主要涉及循环库存、安全库存与季节库存的部署策略;在运输方面,主要涉及运输方式、路径和网络等的选择,自营与外包、反应能力和盈利水平等的权衡;在设施方面,主要涉及工厂、配送中心如何布局,设施能力大小及目标规划等;在信息方面,主要涉及推动型与拉动型如何选择,如何进行供应链协调与信息共享,如何提高需求预测与整合计划的准确性,如何选择技术工具等问题。

现代供应链管理战略规划主要体现在确定企业的目标，明确企业的战略性竞争任务，形成企业的核心运作策略与积极参与营商环境改善、区域治理等四方面，必须有效体现现代供应链战略的基本特征。

专长性：供应链战略是核心能力强化战略。

互补性：供应链战略是互补性企业联盟战略。

关系性：供应链战略是关系营销的重要方面和关键环节。

生态性：供应链战略是日益重要的生态系统。

智绿性：供应链战略是绿色与智慧的有机体现。

3.1.2　现代供应链战略匹配及其路径

获取战略匹配已经成为企业制订战略时必须遵循的原则。战略匹配是指现代供应链战略与企业竞争战略拥有相同的目标，即竞争战略设计需要实现的顾客优先目标与供应链战略要建立的供应链能力目标协调一致。公司失败的原因，或是战略不匹配，或是流程和资源的组合不能达到构建战略匹配的要求。如果不能在战略层一致，各职能战略目标间很可能发生冲突，并导致不同的战略以服务不同的顾客群为优先目标。由于流程和资源的组合是用来支持职能战略目标的，不同职能战略目标之间的冲突将引发战略实施过程中的纠纷。

1. 专注于顾客需求

顾客需求可能表现在所需产品的种类和数量、顾客愿意忍受的回复时间、要求的服务水平、产品的价格、预期的产品创新周期等方面。潜在需求不确定性是指要求供应链满足的需求存在的不确定性，见表3-1。

表3-1　顾客需求与潜在需求不确定性

顾客需求	导致潜在需求不确定性
需求增长	增大，因为需求数量大幅度增加意味着需求变动增大
供货期缩短	增大，因为订单的反应时间减少了
需要的产品品种增多	增大，因为对产品的需求更加分散
每种获取产品的渠道增多	增大，因为顾客总需求分散给更多的供货渠道
创新速度加快	增大，因为新产品的需求会有更大的不确定性
需要的服务水平提高	增大，因为公司不得不应付偶然出现的需求高峰

2. 细化供应链功能

供应链主要有两类功能，即实物功能和市场功能。实物功能是指以最低的成本将原材料加工成零部件、半成品、产品并将产品从供应链的一个节点运到另一个节点，即生产＋物流功能。市场功能使供应链能对市场需求做出迅速反应，确保以合适的产品在合适的地点和时间来满足顾客的需求，核心是适销对路及其有效实现。一般意义上的供应链是这两个功能的权衡及综合利用，即反应能力与盈利水平的均衡。供应链有很多种类型，每一种都被用来完成不同的任务。在设计供应链时，设计者必须明确供应链用来做什么。

3. 获取战略匹配

如果供应链与公司竞争战略不匹配，那么，公司或者重新构建供应链以支持其竞争战略，或者改变其竞争战略，以适应供应链。图3-1中，供应链反应能力代表供应链战略。沿着纵轴向上移动，供应链的反应能力提高，盈利水平下降；沿着横轴向右移动，则风险性增加。供应链反应能力的提高，可以弱化需求不确定性。因此，图3-1中形成了一块战略匹配带，战略匹配带上每一点都代表了相匹配的竞争战略与供应链战略的组合。为了取得更佳的业绩，赢得竞争优势，企业应当尽可能地将竞争战略和供应链战略调整到战略匹配带上。

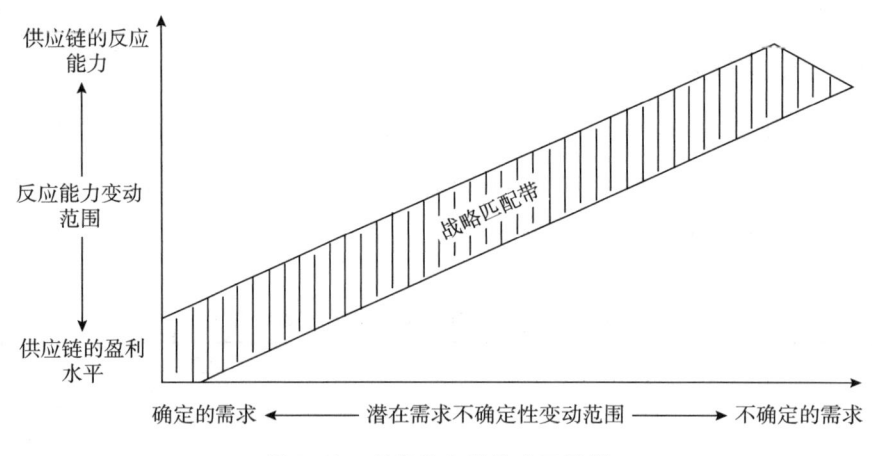

图 3-1 现代供应链战略匹配带

3.1.3 现代供应链创新战略及其实现

创新是在新的体系里引入新的组合，即生产函数的变动。创新有以下五种情况：
①引入一种新产品或提供一种产品的新质量（产品创新）；

②采用一种新的生产方法（工艺创新）；

③开辟一个新市场（市场创新）；

④获得一种原材料或制成品的新供应来源（资源开发利用创新）；

⑤实行一种新的组织模式，如建立一种垄断地位或打破一种垄断地位（体制和管理创新）。

供应链创新是一个涵盖了从源头到消费者最终消费的长远的、总体的复杂性系统工程，这个工程由诸多因素、多阶段过程和差异化需求及其在供应链优化、整合、增值过程中的匹配满足等部分构成。

朱煜在我国供应链创新战略的三维分析框架中，列出三个维度：X 维度——基本政策工具维度；Y 维度——创新发展目标维度；Z 维度——产业应用维度。在基本政策工具维度中，他根据 Rothwell 和 Zegveld（1981）的供给面、需求面和环境面等三种类型政策工具分析理论，结合供应链创新战略的规律和特点得出具体政策工具的含义，如表 3-2 所示。

表 3-2 基本政策工具分类表

工具类型	工具名称	工具含义
供给面	人才培养	以人才要素支持供应链创新，如培养供应链专业人才、加强供应链人才培训、创新供应链人才激励机制
	信息支持	以信息要素支持供应链创新，如支持建设供应链创新与应用的信息共享平台，建立行业指数、经济运行、社会预警等指标体系
	基础建设	包括交通枢纽、物流通道、信息平台等基础设施建设
	资金投入	为供应链创新提供财力支持，如设立专项资金，给予资金补贴等
	公共服务	为供应链创新提供各项配套服务
需求面	政府采购	通过大宗采购或特许权招标等方式拉动供应链创新发展
	外包	政府将研发工作委托给企业或科研机构
	贸易管制	政府通过有关进出口贸易的各项管制或鼓励措施，拉动供应链创新发展
	示范工程	选择若干城市、行业进行供应链创新试点，增加供应链创新需求
环境面	目标规划	政府对供应链创新设定发展目标，进行远景规划
	金融支持	政府为企业开展供应链创新与应用提供融资支持
	税收优惠	政府给予企业的各项税收减免政策
	法规管制	政府施行规范参与主体行为、维护市场秩序的各项措施
	策略性措施	包括建设供应链科创研发中心、鼓励创新的相应支持政策等

在分析框架的三个维度的基础上,将供应链创新战略政策工具的分析类目设置如下:X维度——供给面、需求面和环境面,工具名称包括人才培养、信息支持、基础建设、资金投入、公共服务、政府采购、外包、贸易管制、示范工程、目标规划、金融支持、税收优惠、法规管制、策略性措施;Y维度——智慧供应链、绿色供应链、全球供应链;Z维度——农业、制造业、流通业、供应链金融业。结合国务院办公厅2017年发布的《关于积极推进供应链创新与应用的指导意见》进行政策工具量化分析,得出了可供参考借鉴的我国供应链创新战略的主要特征:较为全面的政策工具框架;基本政策工具以环境面为主;智慧供应链是首要发展目标;流通业和制造业是产业应用的关键。

1. 较为全面的政策工具框架

我国供应链创新战略在全面运用各种政策工具的基础上是有所侧重的。比如,在基本政策工具维度,供给面占比33.6%,需求面占比9.5%,环境面占比56.9%;在创新发展目标维度,智慧供应链占比55%,绿色供应链占比16%,全球供应链占比29%。

2. 基本政策工具以环境面为主

我国供应链创新战略更倾向于采用间接影响的方式,通过政策工具影响供应链创新与应用的环境因素,为创新活动提供有利的政策环境。在环境面政策工具中,策略性措施占比44%,目标规划占比21%,表明我国供应链创新战略更注重方向性引导,让企业成为创新主体,让市场机制充分发挥作用。后续出台政策可以适当加强需求面政策工具。

3. 智慧供应链是首要发展目标

从《关于积极推进供应链创新与应用的指导意见》来看,我国供应链创新战略主要有三大发展目标:一是智慧供应链;二是绿色供应链;三是全球供应链。

智慧供应链是实现其他两个发展目标的重要条件,且在农业、制造业、流通业和供应链金融业均有相应的政策工具。因此,智慧供应链是我国供应链创新战略的首要发展目标。

4. 流通业和制造业是产业应用的关键

在产业应用维度上,我国供应链创新战略主要体现在四个方面:一是农业组织体系创新和生产科学化;二是制造业的协同化、服务化、智能化;三是流通业的创新转型和平台化发展;四是供应链金融对实体经济的优质高效服务。以政策工具为例,流通业以36%的占比位列第一,其次是占比29%的制造业,两者合计超过一半,这说明流通业和制造业在我国供应链创新战略中的重要地位。供应链创新在流通业的主要目标是构建涉及采购、分销、仓储、配送和综合服务的供应链协同平台,在制造业的主要目标是协同化、服务化、智能化，两个目标都是智慧供应链的重要体现。此外，随着我国供应链创新与应用的发展，在后续政策中适当加强农业和供应链金融业的产业应用是十分有必要的。

3.2 现代供应链外包战略

外包（Outsourcing）也称资源外包、业务外包，具体指企业整合利用外部优质资源，将一些非核心的、次要的或辅助性的功能或业务外包给外部的专业服务机构，利用它们的专长和优势来提高企业整体的效率，增强竞争力，而企业自身仅专注于那些核心的、主要的功能或业务。

外包是现代供应链孕育与不断发展的基础，是日益重要的企业经营管理理念与现代供应链的重要战略。

外包的主要依据是核心竞争力理论。该理论认为，企业应该确定核心业务和核心优势，如果某项业务不是自己的核心业务，但它对企业的核心竞争力也很重要，那么可以把该项业务外包给最好的专业公司，企业从而能够把更多的资源投入核心业务，创造核心优势，最终提高核心竞争力。

3.2.1 确定外包业务

美国著名的管理学家迈克尔·波特认为，企业创造价值的过程可以分解为一系列不同但又互相联系的增值活动，如设计、生产、销售等，其总和构成企业的价值链。实际上，并非每个环节都能创造价值，价值创造来自某些特定的活动，即企业的竞争优势实际上就是企业在价值链上某个特定战略环节上的优势。所以为保持竞争优势，在外包活动中，凝聚核心竞争力的战略环节是不可以外包的。另外，企业不能把那些对整个业务的顺利开展具有决定性影响的业务外包出去，即使从成本上分析，企业在该领域没有竞争优势。

一般来说，下列情况下，企业应该将业务外包出去：①合作者能完成得更加出色；②合作者能够以更低的成本完成；③合作者能以更快的速度完成；④外包商能在销售方面取得更大成功；⑤需要在某一遥远的、具有不同文化的国家进行；⑥需要特殊能力，如获取政府基金；⑦需要昂贵资源，但可能出现新型资源使其贬值；⑧在企业内部进行代价太大；⑨投资回报率较低。

3.2.2 选择外包方式

就企业的产品生产来说，可以选择全部外包，也可以选择部分外包。有的企业把大众化的产品外包出去，留下创新性的高端产品自己组织生产；也有的企业把产品中的一般部件外包出去，留下核心部件自己生产。

外包可以选择"临时工"方式，如把某一批产品的生产外包给合作者；也可以选择"正式工"方式，如长期把本企业的产品生产固定外包给某一特定合作者。这两种方式各有利弊，前者会增加企业的交易成本，后者可能使企业形成对合作者的依赖，增加转移成本。

外包可以选择代加工这样的"体力"外包形式，也可以选择"脑力"形式。后者主要涉及企业管理层面的业务外包，如产品设计、技术创新、财务管理、对外公关、人力资源管理等，企业可以将这些业务外包出去由专家打理。

3.2.3 准确评价外包商

外包商的信誉、能力会直接影响外包战略的完成，因此，企业应该慎重选择外包商。有的企业在选择外包商时注重外包商的文化、灵活性、开展业务的简易性和对成功的承诺，而有的企业则考虑外包商的生产经验、市场开拓能力、创新能力等。一般来说，外包商的评价指标体系至少应由以下三个方面的指标构成。

①投入指标：外包商拥有的固定资产、人力资源、技术资源等生产要素。
②能力指标：外包商的生产能力、技术创新能力等综合能力。
③兼容指标：核心企业与外包商在生产、文化等方面的兼容性。

3.2.4 考虑选择多个外包商

在市场中，垄断往往意味着高额利润，实施业务外包战略时也一样。企业应选择多个外包商，使其相互牵制，即可避免失去对业务的控制能力。如宝洁公司将物流业务外包时，外包给最大的合作伙伴中铁物流的业务也不超过40%。有些企业在实施外包战略时，对不同的外包商采取不同程度的控制措施，外包商可以获得丰厚的回报，企业的技术也得以完整保护。

在这方面，美国耐克公司提供了成功的经验。耐克公司把它的外包商分成三类。

①长期合作伙伴。耐克与这类外包商联合开发新产品，共同投资于一些新技术。在这些外包商那里，耐克生产最新式的产品，这些产品价值昂贵、产量低。

②批量生产外包商。耐克不与这些外包商进行合作开发，外包商只为耐克生产某一型号产品。产品批量大，这些外包商无权选择原材料和二级外包商。

③部分拥有型外包商。这些外包商分布在世界各地的发展中国家，由于劳动力成本低而受到耐克的青睐。耐克为这些外包商提供资金及技术支持，这些外包商只为耐克生产产品。

通过不同的控制策略，耐克在发展核心竞争力的同时也不用担心技术泄露或丢失。

3.2.5 签订外包合同，引入双赢模式

外包合同的作用在于约束合作双方的合作行为。合同应就双方的责任、义务等方面做出较为详细的规定和说明，特别是达成有关知识产权与保密的协议，以保证双方合作顺利从而形成长期的战略联盟。

值得一提的是，合作双方要引入双赢模式，就要从传统的非赢即输、针锋相对的竞争关系转变为共同为谋求更大利益而努力的关系。合作中，并不是一方的所得以另一方的损失为代价的。相反，一方获得成功，双方都会受益；一方失败，谁也不会得利。因此，在业务外包活动中，强调合作双方的共同利益非常重要，一方为了谋求自己的利益而损害另一方的做法是极不明智的。双方应该为了共同的利益精诚合作，使整个外包活动与企业核心业务相辅相成，产生协同效应，合作双方以此获得竞争优势，从而实现双赢目标。

3.3 现代供应链创建战略

外包涉及不同的企业，企业在享受外包带来的好处时，也要支付不小的机会成本。

3.3.1 外包的机会成本与现代供应链创建

外包并不是包治百病的万能药，它需要企业付出机会成本。

1. 失去核心能力的风险

许多企业在外包过程中缺乏对本企业自身能力的认识，盲目地开展外包，导致失去对核心能力的控制力。甚至有企业错误地将原本的核心业务外包，导致企业的发展失去了根本。

2. 协调性成本增加

企业的研发、生产、营销等各个阶段是相互影响的，虽然各个阶段的特征及管理原则各不相同，但是随着信息化和网络化的发展，这种影响必将更加明显。因此，企业在实施外包战略的过程中，将部分传统职能外包必然会影响原有的研发、生产或营销，进而影响整体，从而增加企业协调各部门的成本。

在长期的业务外包中，承包商或多或少都会掌握企业的信息，甚至机密，他们极可能以此控制企业，使企业不能自由选择外包承包商。承包商也可能泄露企业一些极具敏感性的信息，使企业丧失拥有某些关键技能与优势资源的独有优势。为此，企业通常要支付一笔不小的风险防范成本，风险防范成本太高甚至会影响外包的开展。

企业控制外包承包商的难度越来越高，很可能使企业丧失对外包的控制，进而影响到整个企业的发展。因此，企业在与外包承包商合作中应努力掌握主动权，保持畅通的沟通渠道等。而要这样，就必须付出防范控制力丢失的成本，否则就可能重蹈凯玛特（Kmart）的覆辙。凯玛特曾经是沃尔玛（Walmart）的最强大的竞争对手，为了在短期内降低营运成本，它将大部分的物流业务外包出去，最后逐步失去了对物流的控制，总成本不断升高，最终无法与沃尔玛抗衡。

3. 员工问题日益突出

业务外包很可能使企业内部的一些员工被解雇或者被调入外包承包商企业，从而使部分员工失去工作动力，并可能最终导致整个公司生产效率低下。

3.3.2 供应链战略的必性

应对风险的最好的办法，就是将供应商、生产商、分销商等纳入一体化管理，即实施供应链管理，其基本要求是实行由一般外包向供应链管理的转变。外包并没有触及牛鞭效应的本质因素——供应链上各企业各为其政，形成短期决策。供应链上各企业可能与不同的企业合作，整个供应链信息无法实现共享，难以适应供应链与供应链竞争的新形势。除此之外，还可以从以下几方面认识创建并实施供应链战略的必要性。

1. 企业内部潜力相对变小

随着信息技术以及各种自动化技术在生产过程中的不断应用，生产率已达到一个相当高的程度，产品加工过程的技术手段提高产品生产率的潜力相对变小。企业的财力有限，若开展自己不熟悉的业务，就会增大投资风险，而且也存在失去市场机会的潜在压力。因为费力地开展一项新业务需要一定的时间，当新产品上市时，说不定市场需求已发生变化。为此，在企业内部潜力相对变小的情况下，致力于外包及外包基础上的供应链创建就成了一种重要选择。

2. 外部环境中市场竞争的压力变大

市场竞争日益激烈，快速响应与不断趋低的成本上升要求，使得企业必须着眼于各环节费用的降低，必须努力在更大的范围内考虑资源的有效配置。企业要在激烈的竞争中取得竞争优势，就不仅要协调计划、采购、制造和销售的各个环节，而且要与包括供应商、承销商等在内的上下游企业紧密配合。为此，供应链管理大有用武之地。

3. 供应链管理的成效显著

根据有关经验数据，有效的现代供应链管理能使库存成本下降10%～15%，减少40%～50%削价处理的损失，提高10%～20%的资源利用率，改进交付可靠性使其达到99%～99.9%，缩短交付时间10%～20%，资金周转时间比一般企业缩短40%～60%，还可有效增加市场占有率等，且现代供应链管理已经成为日益重要的非货币性抗通胀手段。

3.3.3　现代供应链模式创新

现代供应链分为链式供应链、网链供应链与网状供应链三种。

链式供应链是库存管理进一步优化发展的产物，其存在的目的在于解决原材料和产成品积压问题，主要做法是用通信技术把供应商、制造商、批发商和客户按照商品价值传递的顺序进行一体化连接。由于这种专注于物流的链式创新在一定程度上忽视了现金流和信息流，同时因活动较为分散容易导致供应链断裂，为此，打造多节点一体化联动的供应链就显得十分必要。

网链供应链突破了链式供应链单个节点之间串联的局限性，同时降低了供应链断裂可能带来的风险，但由于没有解决顺逆向互动的问题，实际上也存在着一些问题，比如库存订单都是单向的，客户和供应商之间缺乏足够的沟通，没有统一的信息交易平台，企业间难以进行共享、协调。

随着商业生态圈模式的产生与推广，互联网＋、大数据、新零售、社交、数字化以及人工智能等新技术、新理念纷纷登场，供应链形态也从链状扩展到立体多维的网状，即形成了网状供应链或现代供应链。

网状供应链或现代供应链是基于价值网络的一种全新供应链模式。价值网络兼

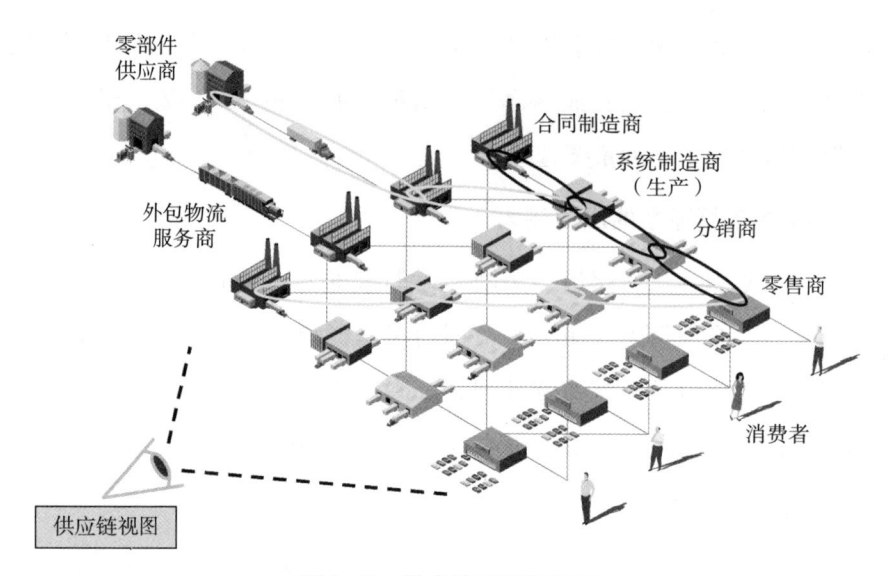

图 3-2 供应链网链结构图

图片来源：马杰. 供应链环境下的食品安全控制研究 [J]. 现代商业，2012（05）：19.

顾了顾客日益提高的品质要求和供应链灵活响应性要求，强调专业化低成本的生产物流，以信息化代替库存以及信息中枢与平行作用的发挥等方面，即在关注自身价值的同时致力于突破不同供应链环节之间存在的壁垒，强化不同主体之间相互作用及价值创造，减少供应链整体欠优或不优的链内消耗，进而制订供销协调的供应链解决方案。这一过程中，服务商可以为消费者提供服务和产品，同时生产商也可以直接将产品、服务提供给终端顾客，即服务主导逻辑，通过最终用户体验来评估价值；根据客户个性化的需求快速响应，提供个性化的产品+服务组合，并努力使消费者在这一过程中参与供应链，获得自己创造产品或服务的乐趣；重视 ICT 技术与大数据的应用，致力于打造智慧供应链，比较典型的是核心企业和供应链运营商共同管控渠道数字扁平化的数字化网状供应链，见图 3-3。

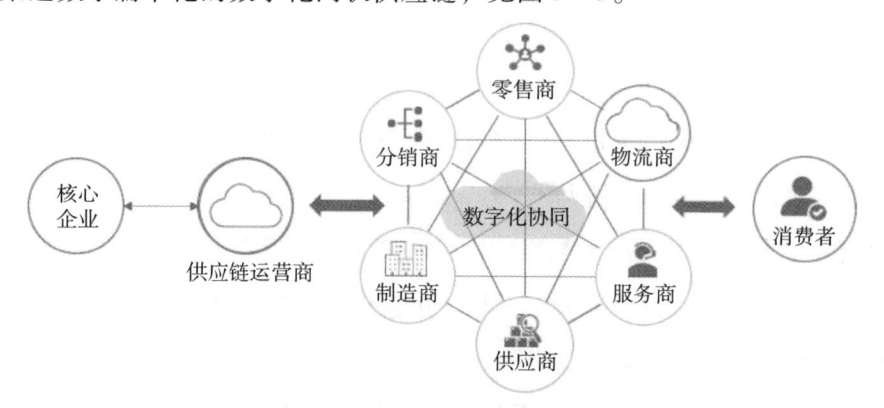

图 3-3 现代供应链网状结构图

网状供应链或现代供应链模式的关键是以客户为中心进行交互式网络关系设计，促使每家企业迅速响应并及时开展设计、生产、物流及相关服务等，对合作的理念与信息技术手段等要求都很高，故这种模式具有与现代信息技术发展、组织模式创新相匹配的成长性、探索性。

3.4 现代供应链整合创新战略

现代供应链整合创新是指以现代供应链增值为目标，通过利用并行的方法把企业创新要素（如观念、文化、战略、技术等）、创新能力和创新实践整合在一起，通过有效的创新管理体系，力争人人都创新，事事有创新，从而产生新的核心竞争力的创新方法。不同于技术创新，整合创新必须以用户的需求为推动力，而不是只关注技术本身。在技术扩散不断加速的全球化时代，整合创新对于中国企业是挑战，更是机遇。企业整合创新的关键在于创新的持续融合，充分利用团队协作，形成开放、交互的创新系统和持续的核心竞争力。

3.4.1 现代供应链整合驱动因素和目标

供应链整合虽是供应链管理的重要组成部分，但并非任何供应链都适合整合。供应链整合是在供应链发展特殊阶段为满足核心企业以及其他成员企业战略发展要求而进行的。

信息革命的推动、提高全球竞争能力、创造需求驱动的市场、组织间新型关系的出现等都可能是企业实施供应链整合的主要动因。一般来说，供应链整合的驱动因素主要有以下三种。

1. 提高供应链运作效率

不同行业间的供应链、同一行业的不同供应链，在结构和运作方式上存在很大差别，供应链所处的环境和相对竞争优势也有所不同。因此，供应链之间营利能力和运作效率差距很大。供应链整合作为供应链资源重新配置的重要途径，通过供应链成员的重新筛选以及供应链运作方式的变革，可以提高整个供应链的盈利水平，扩大市场占有率。

2. 降低供应链运行成本

供应链整合可以使企业更加容易地获取合作伙伴的信任，使供应链上形成共同决策和实践，降低非理性行为和不必要的猜测，从而达到弱化牛鞭效应、降低安全库存的目的。加强合作可以降低企业间交易摩擦，减少交易费用。供应链上节点企业强强联合，可以提高供应链资源的利用水平，减少不必要的浪费。

3. 获取竞争优势

供应链整合重视供应链节点企业间充分发挥相对竞争优势，强调核心能力发挥基础上的合作。供应链上企业形成强大的联盟优势，通过降低运行成本获取低成本的竞争优势，同时提高顾客响应速度。设计适合产品的供应链能有效满足客户需求，从而获取差异化的竞争优势。

通常情况下，对供应链整合驱动因素的阐述只能表明供应链整合的根本动因，并没有确切表明企业或供应链在何种情况下需要进行供应链整合。本书作者认为，供应链整合的时机可以从以下两个方面判断。

第一，被迫整合。原有供应链企业成员关系松散，面对市场环境的变化，企业原有运作模式已经不能适应激烈的市场竞争，企业要发展，必须从整条供应链出发，增强与上下游企业的联系。供应链的整合可以提高供应链上下游企业之间的协同和运作效率，降低供应链上的浪费，提高供应链的竞争能力和抵御市场风险的能力，改善供应链企业的生存状况和运作绩效。

第二，主动整合。现阶段企业供应链运作和管理已经取得一定成果，供应链运作基本能够满足企业短期发展的需要。但从长远发展来看，企业应积极进行供应链整合，通过供应链各环节战略资源的重新构架为供应链未来发展奠定基础，真正将供应链管理作为企业发展中的竞争优势来源。

供应链整合的目标及整合的驱动因素是紧密联系在一起的，无论出于何种原因进行供应链整合，其根本目的均是通过整合改善现有供应链运作状况和盈利能力，通过扫除供应链上企业间交流的障碍，减少冗余，提高供应链管理的水平，进而获取竞争优势。

3.4.2 现代供应链整合发展阶段

第一阶段，企业只关注其内部供应链，而且该内部供应链上的各个部门都是独立运作的，它们分别实现自己的使命，并不关心上下游的情况，信息是不通畅的；第二阶段，企业为了避免不同环节功能的重复，开始在其内部实行同类功能的整合；第三阶段，企业逐步意识到内部部门的沟通和协作可简化作业程序，企业开始建立各个功能的相互关联，执行从头到尾的过程规划；第四阶段，是真正意义上的供应链一体化了，企业除了关心内部供应链的执行，也对上游原材料的供给渠道、成品的分销环节及提供各种服务的供应商进行了整合。

1. 职能供应链整合阶段

这一阶段是在原有企业供应链的基础上分析、总结企业现状，分析企业内部影响供应链生产效率的因素。物流企业围绕核心职能对物流实施集中管理，对组织实行业务流程重构，实现职能部门的优化整合。传统的职能模块逐步被取代，由交叉职能小组参与计划和执行项目，提升职能部门的合作效率。此时供应链管理主要有以下特征：

①分销和运输的职能整合到物流管理职能中，制造和采购职能整合到生产职能中；

②强调降低成本而不注重操作水平的提高；

③积极为用户提供各种服务，满足用户需求；

④职能部门结构严谨，均有库存做缓冲；

⑤具有较完善的内部协议，有关采购折扣、库存投资水平、批量等。

本阶段企业的核心是内部生产效率，以最低的成本最快速地生产产品。在此阶段一般采用 MRP（Material Requirement Planning，物料需求计划）系统进行计划和控制。

2. 内部供应链整合阶段

这一阶段要实行企业直接控制的领域的整合，要实现企业内部供应链与外部供应链中供应商和用户管理部分的整合，形成内部整合供应链。为了支持企业内部供应链整合管理，主要采用 SCP（Supply Chain Planning，供应链计划）系统和 ERP（Enterprises Resource Planning）系统来实施集成化计划和控制。这两种信息技术都是基于客户/服务（C/S）体现在企业内的应用。有效的 SCP 系统整合了企业的主要计划和决策任务，包括需求预测、库存计划、资源配置、物料和能力计划、设备管理、优化路径、基于能力约束的生产计划和作业计划、采购计划等。ERP 系统集成了企业业务流程中主要的执行职能，包括订单管理、财务管理、库存管理、生产制造管理、采购等职能。SCP 和 ERP 通过基于事件的整合技术连接在一起。此阶段的供应链管理具有以下特征：

①强调战术问题，而非战略问题；

②指导中期计划，实施集成化的计划和控制体系；

③从采购到分销的完整体系具有可见性；

④与用户建立良好的关系，而不是管理用户。

3. 外部供应链整合阶段

供应链整合的关键是将企业内部供应链与外部的供应商和用户整合起来，形成一个集成化的供应链网络。而与主要供应商和用户建立良好的合作伙伴关系即所谓的供应链合作关系（Supply Chain Partnership，SCP）亦是本阶段的核心任务。

此阶段企业要特别注重战略合作伙伴关系的管理。管理的焦点是以面向供应商和用户取代面向产品。建立良好的合作伙伴关系，企业就可以很好地与供应商和服务提供商实现合作，共同在预测、产品设计、生产、运输计划和竞争策略等方面设计和控制整个供应链的运作，从规划的角度看，更多的职责向一级供应商转移从某种程度上说明供应链规划的重任已经从原始设备制造商（Original Equipment Manufacture，OEM）转移到主要供应商。对于主要客户，企业一般建立以客户为核心的小组，这样的小组承担不同职能领域的功能，可以更好地为主要客户提供有针对性的服务。

处于这个阶段的企业生产系统必须具备更高的柔性以提高对用户需求的反应能力和反应速度。根据不同用户的需求，企业必须既能按订单生产（Make to Order），按订单组装、包装，又能按库存生产（Make to Stock）。这种根据用户的不同需求对资源进行不同的优化配置的策略称为动态用户约束点策略。为了与外部供应链整合，企业必须采用适当的信息技术为企业内部信息提供与外部供应链节点企业连接的接口，达到信息共享和信息交互，实现彼此操作的一致性。

本阶段，企业采用销售点驱动的同步化、集成化的计划和控制系统。它集成了用户订购数据和合作开发计划，基于约束的动态供应计划、生产计划等管理功能，以保证整个供应链中的成员同步进行供应链管理。本阶段，供应链整合的核心延伸到整条供应链，相关环节上的供应商、经销商都已经成为供应链决策不可或缺的主体。

4. 整合化供应链网络联盟阶段

在完成了以上三个阶段的集成以后所形成的一个网链化的结构，本书作者称之为供应链共同体。它的战略核心及发展目标是占据市场的领导地位。为了达到这一目标，随着市场竞争的加剧，供应链共同体必将成为一个动态的网，以适应市场变化，不能适应供应链需求的企业将从供应链联盟中被淘汰。供应链由此成为一个能快速重构的动态组织结构，即整合化供应链网络联盟。企业通过互联网商务软件结合在一起，以满足用户的需求,一旦用户的需求减少,它也将随之解体。而当新的需求出现时,组织结构又由新的企业动态地组成。在这样的环境中求生存,企业必须能及时、快速满足用户需求,供应商是企业生存、发展的关键。

整合化供应链网络是基于一定的市场需求,根据共同的目标组成的,通过实时信息的共享来实现的集成。主要应用的信息技术是 Internet/Intranet,它的集成是同步化的、扩展的。供应链计划和控制基于 Internet 的电子商务手段,这是供应链管理发展的必然趋势。无论怎样联合企业,供应链目标都是通过对供应链进行整体优化实现的。此阶段供应链管理的核心是对所有影响利润环节的约束确认以及优化,以使整个供应链体系发挥更高的功效。

5. 现代供应链 + 生态圈阶段

供应链 + 生态圈的基本特征是:在供应链能力支持下,整合相关产业资源,建立平台型生态圈;设计生态圈合作机制,使生态圈参与者合作共赢;利用 ICT 及相关技术,标准化、数字化流程;利用大数据优化决策。以创捷的供应链为例,深圳有很多小的手机制造商与配套服务商,每个单元都很高效,但相互间缺乏协调。创捷利用自己的供应链管理能力,组织协调不同的供应链流程,形成手机行业的集群供应链生态圈,使得众多制造企业、项目商、银行和政府部门都通过平台进行对接,最终形成了"核心企业 + 平台服务商"共管的生态供应链,有效促进了现代供应链设计、实施、服务保障与区域治理的大整合。

3.4.3 现代供应链整合分析框架

现阶段供应链整合理论中尚未形成统一的分析范式。本书作者认为供应链整合分析可参照的框架可参见图 3-4。

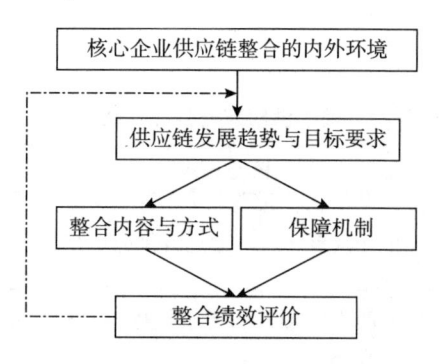

图 3-4 供应链整合分析框架

供应链整合是供应链发展到一定阶段在特殊情况下的必然选择，但不同行业因其产品特性以及行业所处环境不同，供应链整合的内容和所处阶段也不尽相同。我国供应链管理仍处于刚刚起步阶段，是否有必要进行供应链整合，能否进行供应链整合，必须通过对供应链所处外部环境的变化以及供应链自身发展要求的分析来得出答案。因此，供应链整合分析首先要对影响供应链发展的外部因素以及体现供应链运作现状的供应链内部因素进行分析。外部因素主要包含经济、政治、技术和社会等因素以及行业竞争状况，内部因素则主要指供应链总体状况、供应链上下游关系、供应链特性等。此外，在供应链环境分析中还应重点进行核心企业能力的分析，以判断是否适合以及能否进行供应链整合。

供应链内外环境的分析结果决定了供应链是否应该以及是否有能力进行供应链整合，同时也回答了供应链整合目标的问题。供应链整合的目标是由供应链发展的现状所决定的。

供应链整合的内容，目前尚未有统一定论。本书作者吸收大部分学者的观点，将供应链整合分为供应链流程整合、供应链信息与物流整合以及供应链战略整合。流程整合是供应链整合的基础，从企业和供应链长远发展以及全国性战略资源配置出发，对现有供应链的供应、生产和销售环节进行流程整合，确定未来供应链发展所需要的合作伙伴，为下阶段整合打下良好基础。流程整合是供应链整合必须首先考虑的问题。供应链信息与物流整合是供应链整合的重要组成部分，其中信息整合是整个供应链整合的灵魂，而物流整合与信息整合相辅相成，共同提升整条供应链的运作效率和响应能力。战略整合则是维持供应链运作协同的重要举措，也是供应链整合的最后阶段。只有在流程、信息和物流整合的基础上，战略整合才能够完成；只有战略整合能保持供应链运作的协调统一，真正使供应链成为战略联盟。现代供应链整合方式见表3-3。

表3-3　现代供应链整合方式及典型企业

实现模式	核心内涵	典型企业
核心企业供应链整合模式	核心企业依托其核心竞争力进行供应链整合	苹果、李宁、杉杉
非核心企业供应链服务模式	利用其所处的中间位置与先进设施开展供应链主要环节的辅助服务	联泰

续表

实现模式	核心内涵	典型企业
线上供应链平台服务模式	主要是利用先进的电子商务与支付手段进行平台性的供应链服务	阿里
O2O供应链平台服务模式	主要是通过O2O的网络平台承接各种外包服务	怡亚通
产银平台模式	主要是通过五大平台的搭建，为广大中小企业提供由外转内的跨供应链整合服务	广泰源

需要指出的是，不同行业供应链管理处于不同阶段，供应链整合驱动因素和目标也不同，因此，在供应链整合时对上述内容应有选择、有轻重地施行。

3.5 案例：常州粮食现代物流中心供应链整合战略[①]

为了促进企业的进一步发展，不断提高新形势下粮食安全保障能力，常州城北国家粮食储备库积极争取各方支持，创建常州粮食现代物流中心，努力开展以供应链整合为重要内容的第三方大米供应链服务探索。

1. 分析整合环境：现行大米供应链主要缺陷分析

我国大米加工行业整合状况落后于面粉和食用油行业，存在明显的"小而散"布局，仅常州地区各类大米加工企业就有上百家，但年产销量超过2万吨的屈指可数。

按照大米加工企业的粮源状况，常州市大米加工企业可以分为三类。第一类是以本地粮源为主要原料的大米加工企业。这类企业由于有很强的地缘优势与物流成本优势，故竞争性较强，但由于本地粮源越来越少，因此这类企业因开工率不足等原因面临着巨大的转型或破产压力。第二类是依托国有粮食储备库的稻谷轮换而进行大米加工。这并非独立的企业，而是作为储备库的加工车间，由于国有粮食储备库的经营重点不在加工，且此类"加工车间"相对于民营加工企业来说，缺乏做大做强的机制等，故目前在大米加工市场中的份额不大。第三类是以东北、苏北、安徽等外地粮源为主要原料的大米加工企业。这类企业由于是外地采购粮源，需要更多的人、财、物资源进行粮源的收储、运输与看管等，加之采购的政策性强、市场行情变化快，因此在大

[①] 本部分内容根据《粮食供应链整合研究》（吴志华、胡非凡，2011）一文整理而成。

米加工企业规模普遍较小、利润低且不稳定的情况下，除非有强大的稻谷原产地的收购优势，否则一般都难以发展壮大。

现有作业模式（供应链旧模式）下，无论是哪种类型的大米加工企业，都要完成原粮采购、稻谷初加工、糙米再加工、成品米销售等多达 15 个左右环节的业务。在整个经营过程中，每家大米加工企业都要联系稻谷供应商或直接到产地采购稻谷；都要投资建设或租用原粮仓，购置除杂机、砻谷机等大米加工机器设备；都要联系运输企业完成原粮和成品米的运输配送；都要开拓大米及相关副产品的销售市场。此外，现行模式下，每家企业都采用粮食包装储运与装卸作业方式，完成整个经营过程须经历多次装包和拆包，不仅耗费大量的劳动力，而且作业效率低，浪费现象严重。

2. 确定整合目标：构建糙米增值供应链

构建糙米增值供应链（供应链新模式）是指围绕粮食现代物流中心，通过对与大米加工有关的供应链各环节资源的整合，形成新的供应链网链结构，从而使链上主要成员获益，实现供应链的整体增值。

图 3-5 描述了糙米增值供应链的基本结构与流程，如下所述。

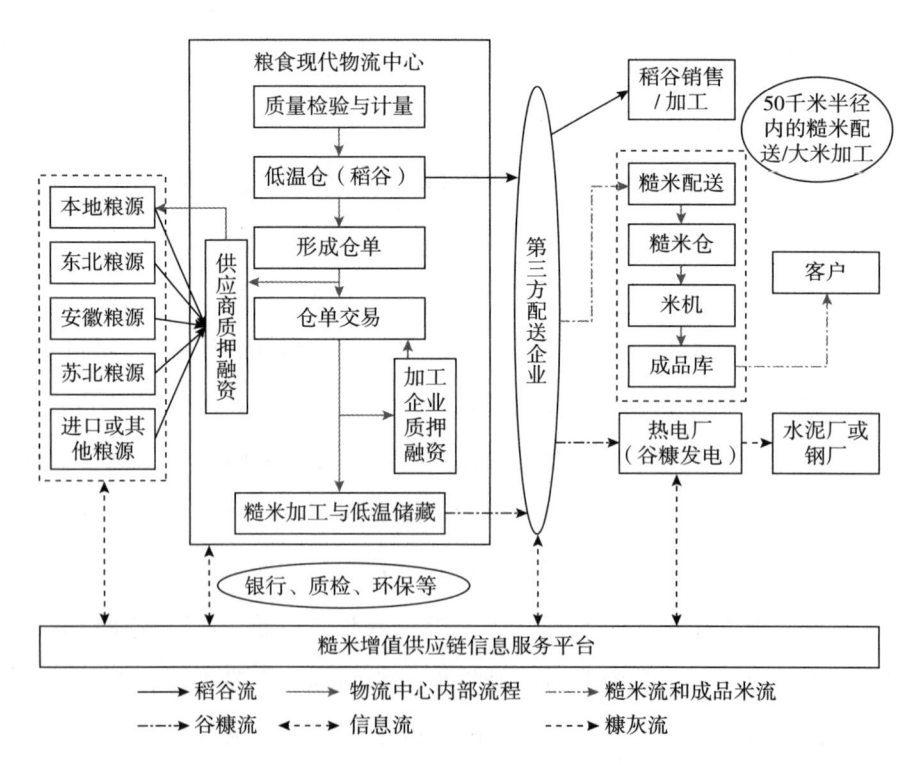

图 3-5 糙米增值供应链结构图

（1）形成交易仓单

供应商的稻谷进入粮食现代物流中心的散存低温库，与此同时，通过第三方质量检验与计量机构对稻谷进行的全程品质检验和数量计量，形成交易仓单。

（2）仓单质押贷款

交易仓单形成后，仓单持有者——稻谷供应商可以以低温库中的稻谷做实物抵押，获取银行的仓单质押贷款，加快资金流转。

（3）仓单交易与加工配送

大米加工企业购买仓单后，可以以购买的仓单为担保获取银行的仓单质押贷款，加快资金流转；可以委托物流中心将稻谷集中加工成糙米，并在此基础上通过第三方运输企业进行糙米的统一即时配送；也可以从物流中心低温库直接提取稻谷，开展稻谷的原粮贸易或加工运销业务。大米加工企业面对仓单虽然有多种选择，但由于经由物流中心集中加工糙米后配送，具有环节缩短、专业化程度提高等明显优势，因此，在仓单交易后进行糙米的委托加工与配送，会成为新模式下的主要业务选择。

（4）专业化服务

粮食现代物流中心接受大米加工企业的委托，将稻谷加工成糙米；对于糙米、谷糠以及利用谷糠发电而产生的谷糠灰，则采用关系相对稳定的第三方专业化配送服务。

3. 创新业务模式与实行返利制度

创新业务模式是指在以往大米加工经营链中引入粮食现代物流中心这一主体，且使粮食现代物流中心在整个链条中发挥核心企业层面的供应链服务作用，即在整个糙米增值供应链中，粮食现代物流中心的核心功能是运用信息服务平台为供应链上所有成员提供供应链的系列增值服务，主要包括：为到达的稻谷供应商和大米加工企业提供散装粮食或包装粮食的装卸服务；为稻谷供应商和大米加工企业提供稻谷和糙米的低温散粮仓储服务；为大米加工企业提供糙米加工服务；为相关成员提供全过程的品质检验和计量服务，以保证仓单形成与交易的客观公正性；提供仓单质押融资服务；为相关成员提供稻谷、糙米、谷糠的集装箱配送服务；为合作伙伴提供物流供应链信息体系对接服务；为入驻物流中心的企业提供门户导航服务、商务服务与衍生开发服务等。

同时，粮食现代物流中心努力设计并实施以互利共赢为基本内容的供应链增值及返利机制，以实现供应链各环节主体的共生发展。主要内容包括：确保供应链各主要环节的系统增值；确保供应链整体运作的客观、公正与透明。在发电环节得到集中体现的增值部分在热电厂、大米加工企业、粮食现代物流中心等相关机构进行重新分配，受到了合作伙伴的一致赞同。

复习思考题

1. 业务外包的优点、方式及其与核心竞争力的关系是什么？
2. 从企业间关系的角度看，有哪几种供应链的结构模型？
3. 供应链整合经历了哪些阶段？在整合中要考虑哪些因素？

第4章 现代供应链产品策略

产品是满足顾客需求的有形物品与无形服务,而供应链产品策略,则是供应链运作中涉及的时间快慢、服务水平与成本高低的组合选择与动态调整。

4.1 费舍尔供应链匹配模型及创新

美国宾夕法尼亚大学马歇尔·费舍尔教授通过对食品、时装和汽车等行业的长期研究,提出了有助于实践问题解决的供应链匹配模型理论。

费舍尔教授认为,如果一家公司在了解和掌握自己所处的环境之后再制订适合自己独特情形的供应链战略,这家公司将会发展得更快,而这个战略可能与其他公司正在实施的战略完全不同。在设计供应链时,需要考虑的最重要特征是产品所面临的需求性质、产品的需求差别,以及这些差别是怎样影响供应方式的。

以老式优质的 Campbell 鸡肉面条汤和时髦的太阳镜为例:鸡肉面条汤的需求在一年中各个时期非常稳定,或许在冬天时更高一点,因此预测每周的销售量是相对简单的;但是太阳镜一般在春夏两季需求量最大,企业很难预测某种款式的太阳镜在市场上的表现如何,见表4-1。

表4-1 两种产品特征对比

产品	价格敏感性	利润率	生命周期	品种	需求预测性
鸡肉面条汤	高	低	长	少	强
时髦太阳镜	低	高	短	多	弱

很明显,这两种产品的需求特征不同。那么这些差异又是如何影响供应方式的呢?太阳镜企业面临的最大问题是需求的不可预测性,以及脱销代价沉重,所以需要一条快速的供应链;而汤类产品企业因为需求可以预测,就不需要反应如此迅速,但是这

现代供应链管理
战略、策略与实施

种产品对价格的敏感性高意味着必须要最小化生产和运输成本。这些都是费舍尔供应链匹配模型理论的关键思想。在这里，认为像鸡肉面条汤这样的产品属于实用性产品，而像时髦太阳镜这样的产品属于创新性产品。

供应链需要与产品所面临的市场需求性质相匹配，即我们应该区分供应链两种不同的功能。

第一个是实物功能，包含将原料转化为零部件，最后转化成为制成品，并在供应链各个环节之间运输。相对于第一个功能来说，第二个功能不易看到，但是同样重要，那就是市场协调功能。这种协调功能最终归结于保证进入市场的各种产品形式与顾客想买的产品形式相匹配。实物功能和市场协调功能都会产生不同的成本。实物上的高效（高效的供应链）意味着生产成本、运输成本、库存成本的最小化。当一种产品的供应超过或者低于需求时，就产生了市场反应成本（供应链成本）。供应超过需求时，价格被迫下降或者产品必须亏本销售；供应低于需求时，销售机会丧失了，而且顾客也不满意，见图4-1。

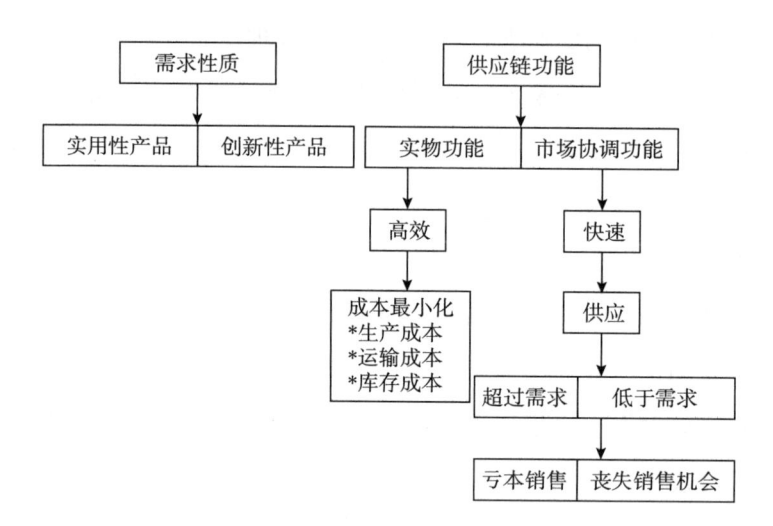

图4-1 产品需求性质及供应链功能

很明显，我们在实用性产品和创新性产品各自的供应链中需要有不同的关注重点。

费舍尔教授的模型将需求的性质和供应链的功能联系在一起，形成费舍尔供应链匹配模型矩阵，矩阵的四个部分代表供应链战略与产品战略组合的四种可能。根据产品需求的性质可以把需求分为两类，可以预测的实用性产品的需求和不可预测的创新性产品的需求。而根据供应过程的侧重点，供应链也可分为两类，追求成本最小化的高效供应链和追求反应速度最快的快速供应链。公司可以利用它们的矩阵为每一个产品族设计一种供应链战略。首先应该标绘出某一个产品族在矩阵中的实际位置，然后决定产品族在矩阵中应该占据的位置，最后根据这些定位，制订合适的产品供应链的计划。这样，费舍尔供应链匹配模型可以表示为图 4-2。

	实用性产品	创新性产品
高效供应链	匹配	不匹配
快速供应链	不匹配	匹配

图 4-2　费舍尔供应链匹配模型

要标绘出每一个产品族在矩阵中的位置，首先要了解产品的需求的性质。可以凭直觉区区分可预测需求的实用性产品和不可预测需求的创新性产品，那些给供应带来麻烦的产品就是需求不可预测的创新性产品。

当然，对于产品性质的区分，费舍尔教授提供了一些特征，比如生命周期、利润率、价格敏感性等。但是现实中，一些公司的产品中有一部分是创新性的，有一部分是实用性的。一旦确定了每个产品族需求的性质，就可以考虑为每一个产品族建立一个合适的供应链。

对实用性产品来说，高效的供应链很匹配。对于创新性产品来说，关于存货和生产能力的确定，不是要最小化成本，而是要明确在供应渠道的哪个环节上设置战略储备和超额的生产能力，来更好地应对需求的不确定性，因此，应该根据速度和灵活性来选择供应商。对于市场反应难以预测的创新性产品来说，缺货和供应过度的风险是相当高的：一方面，高盈利和快速占据市场份额的重要性抬高了缺货的成本；另一方面，创新性和产品生命周期短增加了产品过时的风险和供应过剩的成本。在这种环境下，关键是分析前期的销售情况和其他的市场信号，做出快速的反应。关键的信息流不仅来自供应渠道内部，还来自市场，如消费者以前的购买情况和市场研究机构的报告。所以，对于创新性产品来说，市场协调的成本是最重要的。

4.1.1　右上半角误区及其走出

通过上面的分析可知，在费舍尔模型中，实用性产品与高效供应链相匹配，而创新性产品与快速供应链匹配。但是，如果创新性产品强调供应效率，也就是创新性产品选择高效供应链的话，会有什么问题呢？费舍尔教授把这个问题定义为右上半角误区。

1. 右上半角误区的形成

费舍尔认为，如果一家公司处于矩阵的右上半角，那么投入 1 美元提高供应链反应的敏捷性,通常是供应与需求的不匹配带来的成本,即因为缺货或存货过多而引起的价格下降,这种下降不止 1 美元。考虑一种典型的创新性产品,边际收益为 50%,平均脱销率为 20%,缺货给利润带来的损失是巨大的,相当于销售量的 10%(50% × 20% =10%)。这一数字通常超过公司的税前利润。在这种情况下,降低缺货率的经济收益很大,花钱去提高供应链的敏捷性是明智的。

费舍尔教授给出了几个例子。康柏公司就做出了一个明智的选择,自己生产某种变化多、产品生命周期短的集成电路,而不是到低成本的亚洲国家采购。这个决定背后的原因是,这样可以使公司提高灵活性,缩短供货期。另外一个例子是日本一家主要服装制造商 WORLD 公司,他们曾经在低成本的中国工厂生产一些基本的样式,而在本国生产时髦的样式,这使他们对新出现的时装潮流能快速做出反应,这种优势足以弥补日本劳动力成本高昂的不足。

这两个例子都说明了,对于创新性产品,花钱去提升供应链的敏捷性是明智的。但是,对于一种典型的边际收益为 15% 的实用性产品,1% 的平均脱销率意味着缺货给利润带来的损失仅为销售量的 0.15%。这个成本可以忽略,因此,投入大量的资金去提高反应速度和灵活性是不值得的。

对于实用性产品,费舍尔也举了一个例子。Campbell 的产品中每年仅有 5% 是新创的,现有的产品大多数都已经上市多年,销售量是高度可预测的,这使得 Campbell 可以通过存货迅速满足 98% 的需求。即使是少数新产品也很容易经营,他们有 1 个月的补充供货期,并且最短有 6 个月的市场生命周期。当推出一种新产品时,Campbell 在第一个月会部署足够多的供应,以保证能满足最乐观的预测需求量。如果产品销售较好,在存货售完之前会有更多的供应来补充;如果销售得不好,最多 6 个月也能让公司售完多余的存货。Campbell 满足市场需求的水平已经高达 98% 以上,这意味着在市场协调成本方面,改进的空间已经很小了,因此它将继续集中精力来改善它已经做得很好的工作——高效的运送。

	实用性产品	创新性产品
高效供应链	☆ ☆ →	★ ★
快速供应链		

注:☆表示某类实用性产品,★表示经过创新后的同类产品。

图 4-3 右上半角误区的形成

2. 走出右上半角误区

当产品处在右上半角时，有两种选择：可以往下移，使供应链反应敏捷；或者往左移，使产品成为实用性产品。

这样的例子很多，如电脑、包装好的消费品、小汽车等行业，因为竞争者数目的不断增加，现有竞争者不断努力提高利润率，所以公司都尽力把传统的实用性产品转化为创新性产品，但他们仍然把重点放在供应链的节约成本上，这样他们最终的位置还是回到了右上半角。

那么如何解决这种困境呢？Dell 公司很好地演示了如何从右上半角走出来，即通过往下移建立快速供应链，建立了一条反应高速、敏捷的定制个人电脑的供应程序。消费者可以根据自己的喜好通过互联网定制一台 Dell 电脑，如果配送速度很快，第二天就可以收到。

处于右上半角的公司解决问题的另一个方法就是使产品重新成为实用性产品，如图 4-4 所示。

	实用性产品	创新性产品
高效供应链	←	不匹配
快速供应链		↓

图 4-4 走出右上半角误区

那么如何确定企业是要向左移动还是向下移动呢？费舍尔认为，方法的选择取决于利润率的高低。如果可以由产品创新得到足够多的额外盈利来弥补建立供应链的成本，公司应该向下移动。相反，向左移动适用于一条产品线的产品种类很多，但是利润率低的情况。牙膏就是一个很好的例子，因为各种牙膏的配料基本相同，它们所有的区别都是在装饰性的外包装上。

在现实中，有很多不像计算机和牙膏这么简单的产品，例如汽车行业。费舍尔举了一家汽车工厂的例子。通过汽车的销售广告可以计算，如果考虑颜色、内部组成和其他变化的话，这家工厂可以提供 2000 万种不同样式的小汽车，但是因为定制一辆汽车要有 8 个星期的等待时间，90% 以上的顾客都在现场的车型中选择。而一个代理商处只有 2 种可供选择的款式，假设某一地区有 10 个代理商，每个代理商都只有 2 种样式的存货的话，那么顾客只能从 20 种样式中选择，而这种汽车本应该有 2000 万种样式。

所以汽车供应渠道的形状就像沙漏，代理商处于瓶颈的位置。在瓶子的顶部是工厂，工厂每年都有创新，可以提供各种类型的产品。瓶子的底部是很多品味不同的顾客，他们本来应从变化中受益，但由于代理商处于瓶颈的位置，所以他们实际上并不能得到多少好处。

费舍尔认为，解决这类问题的许多建议都没有切中要害，因为它们仅仅为整个行业提供了一个解决方案，而忽略了这样一个事实：一些汽车如福特，是实用性产品，而另外一些汽车如《黄金眼》中的宝马 Z3，是一种创新性产品。不同种类的汽车要求不同种类的供应渠道，低成本、高效率的供应渠道对于实用性汽车来说是完全合适的，但是对于创新性汽车来说就完全不合适了。费舍尔认为，对于创新性汽车的制造商来说，使用 20 世纪 50 年代各种汽车厂商竞相采用的"及时"生产系统是错误的，创新性产品需要有缓冲的存货来应对需求的不确定性。

费舍尔教授又提到，对于一家拥有不同产品族和供应要求的公司来说，最大的问题就是有些公司试图对两种产品仅使用一条供应链。他们应该特别小心，要区分两种不同类型的产品和不同的供应要求，如果他们能这样做的话，同时生产实用性产品和创新性产品也确实可以运作得很好。由于实用性产品拥有很长的生命周期和可以预测的需求，可以在销售之前就进行安全的生产和储存，这意味着销售创新性的产品时，可以迅速地腾出足够的生产能力去生产，然后在创新性的产品需求低迷时，又转向生产实用性的产品，这样可以最有效地利用工厂的生产能力。

4.1.2 第一个匹配——实用性产品的高效反应

提高效率和降低成本，是企业的传统目标，也是大多数公司在重组潮流中想做到的，但是现在又出现了对这些老问题的新误解。由于这些年来一些公司急切地想降低成本，已经到了要减少利润的地步，现在提高绩效的最好机会在于改善供销商和分销商之间的协作。幸运的是，现在恰好出现了网络，为企业之间更进一步的协作提供了一些条件。

1. 连续补充计划法

在这一点上，费舍尔教授仍以 Campbell 为例。Campbell 与那些优秀的零售商们一起推出了一项名叫连续补充的计划。其运作方式为 Campbell 与零售商建立一套电子数据交换器，每天早上，零售商把关于 Campbell 商品的近期需求和当前的存货水平的数据传递给 Campbell 公司，Campbell 利用这些信息来预测需求，决定哪一种产品需要补充，其依据是先前与零售商一起确定存货水平的上下限，第二天，满载着 Campbell 产品的卡车便离开工厂，前往零售商的配售中心。

不要忘了最重要的一点，就是既然汤是一种实用性产品，需求具有价格敏感性，那么 Campbell 革新的目的就是实物上的高效。在零售商的配售中心，Campbell 产品的存货可供应率只提高了一个微小的幅度，从 98.5% 到 99.2%，然而更大的收益来自零售商的存货水平的下降。之所以能够做到这一点，是因为 Campbell 大幅度缩短了发货的供货期，也因为 Campbell 了解所有零售商的存货水平，其能够把每种产品的存货分配到最需要的地方。

这种改进在公司财务指标上有所体现。杂货店零售商经常报告说一年，即 52 周内他们持有某种特定产品存货的成本相当于他们为这种产品所付费用的 25%，所以在存货上节约了 2 周的时间等于节约了相当于销售额的 1%（2÷52×25%），现在杂货店零售商的平均利润率大约为销售量的 2%，所以成本下降 1% 将使现有利润由 2% 上升到 3%，即利润增幅为 50%。Campbell 使参加连续补充计划的零售商的存货周转率翻了一番。

对于 Campbell 公司来说，它本身得到的好处也有很多。它增加了销售额，因为零售商通过 Campbell 的产品可以赚到更多的钱，他们会有动力去销售更多种类的 Campbell 产品，给予 Campbell 产品更多的货架空间。Campbell 发现，参与连续补充计划的零售商的销售额增长速度是其他零售商的两倍。

2. 防止价格促销扰乱供应链

在为零售商考虑的同时，Campbell 也为自己的业务积累了一些重要的经验，意识到价格促销有负面影响，那就是价格促销会扰乱供应链。

假设 Campbell 在 1 月份进行价格促销，零售商会购进大量的存货，有的甚至购买了一年的供应存货，这被叫作期货交易。在这种交易中没有人获利，零售商要负责一年存货的运费，这使整个销售系统增加了成本；为了满足需求，鸡肉生产厂必须从 10 月份以后就开始加班生产。认识到这一点以后，Campbell 禁止了参加连续补充计划的零售商以打折的价格进行远期购买，而零售商可以通过打折来促销 Campbell 的产品，可以为顾客提供一个每日低价，这相当于促销产品在一年中的平均价格。

在这个例子后面隐藏着一个关于实用性产品的重要原则，实用性产品只有在质量好、价格合理的情况下，其需求才是可以预测的。许多公司因为沉迷于价格促销而违反了这一原则，他们为了达到季度收益目标，用价格促销推动需求，将需求在时间上向前移动，但这只能在第一次使用时有效，下一个季度，为了弥补这一次价格促销引起的需求空洞，必须再次将需求向前拉动。最后的结果只能是对价格促销成瘾，把本来简单的可预测的需求曲线变成一条乱七八糟、到处是尖角的曲线，这样只会增加成本。

Campbell 公司与它的零售商一起找到了一种理想的合作关系，或者说是一次双赢的交易。Campbell 的例子很好地说明了各个成员在追求更高利润的过程中相互作用的另一条途径，像日用杂货等实用性商品都是对价格高度敏感的，供应链各成员之间的谈判会更激烈，如果一家公司能使其供应商将价格降低一点点，使用户可以接受的价格再提高一点点的话，公司的利润会受到极大的影响。在具有竞争关系的供应链模型里，供应渠道内的成本一般是不变的，所以利润就是不变的，制造商和零售商为了分得更多的利润而进行价格谈判。与此相比，Campbell 的连续补充计划体现了供应商与零售商之间的一种合作关系，他们一起来降低渠道内的成本，因此提高了可供分配的利润。

合作模式具有很强的威力，但是也有缺点。一家公司往往会因为没有其他营利途径，就在合作的同时展开竞争，这是很难处理的，因为这两种方式需要两种截然不同的行动。仅仅考虑信息共享这一件事，如果我是你的供应商，我们关于价格问题而谈判，你最不想做的事情就是与我完全分享你的成本信息，但是如果目标是大家合作，把每项任务分配给能以最小成本完成的合作方，从而降低渠道内的成本的话，成本信息的共享是必须要做的事情。

4.1.3　第二个匹配——创新性产品的快速反应

实用性产品和创新性产品的主要区别就是创新性产品的需求具有不确定性，这是创新性产品所固有的。在缺乏竞争的寡头市场中成长起来的公司很容易获得顾客，零售商业势单力薄，因此很难接受今天产品不确定性的程度，对他们来说，预测上的大错误是不可接受的，于是要求员工努力思考、长时间思考，去获得准确的预测，但是不确定性并不是命令就能消除的。

对创新性产品来说，需求不确定性应该被认为是一种好现象。如果产品的需求是可以预测的，那么这种产品可能就不够"创新"，从而无法产生可观的利润。风险与收益是相联系的，最高的利润往往与最高的需求风险联系在一起，如果一家公司承认了不确定性的存在，就可以去驾驭这种不确定性，有三种不同的方法可以做到这一点。

首先，应该尽可能地降低不确定性，例如通过发现新的指导信息的来源；其次，可以通过缩短供货期提高供应的灵活性来避免不确定性；最后，如果不确定性已经尽可能地被降低或避免，公司还可以通过额外的缓冲和额外的生产能力来防范剩余的不确定性。驾驭风险就是降低风险、避免风险和防范剩余风险三者的结合。

4.1.4 供需两个维度的四种不确定性类型

"菜鸟"的国内供应链总经理曾提出，供应链的概念会随着互联网对商业的改造发生很大的变化，但核心目的还是实现供需高效匹配。他认为制订供应链策略的一个简单但有效的方法是使用不确定性框架。这个框架从需求和供应两个维度划分出四种不确定性类型。

1. 高效型供应链——针对具备稳定供应流程的功能性产品

高效型供应链的特征是遵循精益原则。精益原则能够帮助公司获得应链的高效性，同时消除不能增加价值的行为。这一类型供应链的另一个重要特征是追求规模经济，应用最佳技术，将产能和分销能力都发挥到最大程度。同时，企业还必须重视与供应链中的各方保持有效的信息沟通。丰田汽车的供应链就属于这一类型。

2. 风险规避型供应链——针对供应流程变化不定的功能性产品

风险规避型供应链的特征是，通过弹性设计或者共同经营和共享资源来减轻因供应不稳定而产生的风险。2000 年，飞利浦的芯片工厂突发大火，RFC 芯片供应中断，诺基亚迅速改变了芯片的设计，并利用飞利浦在荷兰和新加坡的工厂得到足够的芯片供应。

能力共享是应对供应不稳定的一个有力方式。比如，与其他公司共同拥有缓冲库存，设立多家供应商，或者利用分销商的库存能力来降低供应风险，等等。

3. 响应型供应链——针对具备稳定供应流程的创新性产品

例如，笔记本电脑公司的供应链，需要快速和灵活地满足多样且多变的顾客需求，这就属于响应型的供应链。惠普、思科等公司都建立起响应型的供应链。公司通过按订单生产或者大规模定制来达到快速响应。此外，延迟策略、模块化设计等都是常用的方法。

4. 敏捷型供应链——针对供应流程变化不定的创新性产品

这种类型的供应链具有第二种和第三种供应链的长处，它对于顾客需求反应迅速而灵活，同时也通过共享库存或者其他能力和资源规避了风险。可编程逻辑解决方案供应商赛灵思公司就是依靠这一类型供应链在竞争中获胜的。它与铸造工厂结成紧密的合作伙伴关系，对方负责为其制作晶片并将晶片存在芯片仓库中。当顾客有对于特殊芯片的需求时，赛灵思就会运送裸片（由晶片组成）到韩国和菲律宾的合作伙伴处做最后的测试和组装。

4.1.5 供需兼顾的供应链匹配方式

费舍尔匹配理论仅考虑产品的需求端，未将供应端考虑在内。如将供应端和需求端均考虑在内，则有如下供应链匹配方式。

1. 功能性产品 + 稳定供应 = 高效型供应链

当产品的需求和供应都比较容易确定时，竞争的关键就在于效率了，主要目标是低成本地满足客户的需求。高效型供应链往往可以采用按库存生产的方式，设计产品时要遵循 DFM 原则，通过原材料选择以及生产工艺设计的标准化来降低成本，生产过程可以实现自动化，设备布局流水线化等，原材料、成品库存维持在最低水平。在供应商选择方面，在供应商满足质量要求的条件下，基于成本进行选择；通过高效的物流系统来完成配送，对于需求稳定的产品，通常可以从工厂直接发给客户，缩短中间的分销渠道，以降低成本。借助于信息化，供应链能够高效地进行信息整合，生产和分销计划得以优化，需求信息、库存信息及产能信息在整个供应链中更加透明。

2. 功能性产品 + 不稳定供应 = 风险规避型供应链

当供应过程还在进化中，就会面临优良率、过程可靠性、供应源、交付周期的不确定性。公司必须找到方法预防这些不确定性对最终需求的满足造成的负面影响。

风险规避型供应链除了具备高效型供应链的战略要素外，其最重要的任务是弱化供应端的不稳定性，以达到效率最大化、成本最小化。以下几种措施可以使供应链转变为高效型供应链。

① 设置安全库存或战略储备并进行库存共享，判断在链条上的哪个位置设置库存

非常关键。

②替代、减少高供应风险物料。也许管理多个供应源会使成本上升，但是断供的风险也会大大降低。

③善用"五力"分析，分析供应市场，及时对采购策略做出调整。早期设计阶段的合作是另一种弱化供应不确定性的方法，研发、采购、供应商等在设计阶段就要积极合作，降低供应风险。

④与瓶颈类物料供应商建立紧密的关系，甚至建立联盟关系。锁定供应源的产能或者生产线，虽然有时会付出额外的成本，但相比于整个供应链的效率，这些付出是微不足道的。针对关键物料签署排他协议，也是企业获取供应、降低风险的有效手段。

3. 创新性产品 + 稳定供应 = 响应型供应链

较高的需求不确定性容易造成库存过多。库存成本对于创新性产品来说十分重要，因为产品生命周期很短。比起关注预测准确性和库存计划，企业更需要关注延迟策略的使用，以尽量达到 ATO（按订单组装）。延迟策略最适用于具有稳定供应的创新性产品，提升模块化设计，以确保组装工序的延后。同时，企业要与供应商紧密合作，以确保供应链及时和可靠。

总之，企业应主要关注两点：新的产品最好被设计成容易组装和测试的；整合供应以确保可靠和稳定的部件供应。这样做，也许成本会上升，但是当产品需求难以预测时，追求响应型供应链战略比追求高效型供应链战略更加合适。另外，弹性是响应型供应链必不可少的能力，维持弹性的生产能力和库存水位，能确保快速响应市场需求。选择供应商时，要综合考虑速度、弹性和质量，另外，在物流的选择上，尽量选择方便快捷的运输方式，从而保持快速响应的战略一致性。

4. 创新性产品 + 不稳定供应 = 敏捷型供应链

在这种情况下，推拉结合点的设置十分重要，可以使公司应对不断变化的各种各样的客户需求。敏捷型供应链对组织能力的要求非常高，需要具备快速响应能力，同时又要应对供应不稳定的情况，因此，敏捷型供应链需要从原材料的供应（或者从二、三级供应商开始），到生产制造，以及分销，围绕不同产品，设定不同的管理方式，但其本质仍是响应型供应链，只不过，要解决供应不稳定的问题，或采取相应的解决方案来应对。

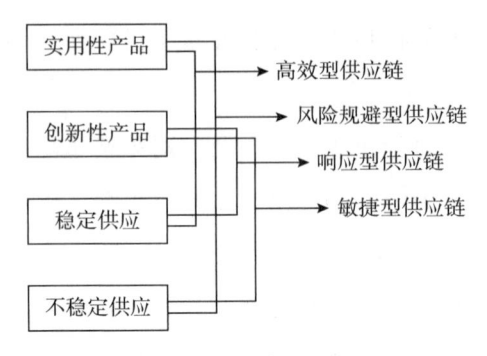

图 4-5　供应和需求兼顾的供应链匹配方式

4.2　现代供应链产品生命周期策略

对于一种产品，特别是实用性产品来说，从其产生、投放市场直到淘汰，一般都要经历引入、成长、成熟、衰退等四个典型的生命阶段。

在引入期，产品大多属于创新性产品，顾客对产品尚不太了解，此阶段的产品需求量较小，品种多，需求变动大，供应流程变化不定。此阶段，应该选择敏捷型供应链。供应链策略选择可以概括为：顾客参与新产品的设计和开发；在产品投放市场之前制订完善的供应链支持计划；原材料、零部件的小批量采购；高频率小批量地发货；保证高度的产品可得性和物流灵活性，避免缺货发生；供应链各环节信息共享。

在成长期，应选择按库存生产的集中型供应链。供应链策略选择可以概括为：批量生产，较大批量发货，较多存货，以降低供应链成本；开展全方位的顾客服务，特别是做出战略性的顾客服务承诺，以进一步吸引顾客；优化安全库存。

在成熟期，应选择按订单组装的分散型供应链，该供应链能在获得可接受的交付提前期和质量保证的前提下最大化服务水平和最小化成本。供应链策略选择可以概括为：建立方便、多方的配送中心；运用电子商务创建新的销售渠道；利用第三方物流公司降低供应链成本，并为顾客增加价值。

当产品逐渐被淘汰时，进入衰退期。由图 4-6 横向看，可以发现此阶段前后期类似成长期、引入期和衰退期，应选择对应类型的供应链。

产品需求特征	少量 多品种 变动性大	大量 少品种 变动性大	大量 少品种 变动性小	大量 多品种 变动性小	大量 多品种 变动性大	少量 多品种 变动性大
订单赢得要素	服务	服务 （对变动） 成本	成本	成本 服务 （对品种）	服务 （对变动和品种） 成本	服务 （对变动和品种） 成本
订单资格要素	质量 成本 提前期	质量 提前期	服务 质量 提前期	质量 提前期	提前期 质量	质量 成本 提前期
供应链	按订单生产的集中型供应链	按库存生产的集中型供应链	按库存生产的分散型供应链	按订单组装的分散型供应链	按订单组装的集中型供应链	按订单生产的集中型供应链

图 4-6 产品生命周期的供应链匹配

4.3 品类供应链策略

品类供应链是指供应链上的企业为满足消费者需求，以品类管理为核心，通过对信息流、物流、资金流的控制，将产品由供应商、制造商、分销商、零售商传递到最终用户的功能网络结构。品类供应链是以消费者需求为导向的，与传统的供应链有着极大的区别。

在品类供应链中，消费者的需求是品类供应链的出发点。根据消费者的需求，零售商进行供货管理，进而设计店内流程。流程又决定了商店的交货频率，零售商再根据这个频率决定其分销结构，制造商和分销商进而确定分销结构。这样，商品的可获得性和运营效率都将大大提高，也有利于实现库存最小化。

品类供应链可以从品类、渠道和流程三个维度进行统筹考虑。品类，即商品是属于生鲜、饮料、玩具还是其他；渠道，即商品是通过大型超市、百货店、便利店还是其他模式销售的；流程，即商品是处于订单处理流程（分拣、包装和配送）、运输流程，还是接收流程等其他流程。根据这三个维度，我们可以确定适应每个品类的理想技术是对商品进行持续补货，是以销定货，是结成运输同盟，是集中仓储还是其他的技术。例如大型超市中鲜肉的供货，根据三维品类供应链模型，鲜肉属于生鲜类，不能存放太久，所以要经常补货，该品类的渠道是大型超市，大型超市的需求量比较大，该品类所处的流程是补货，最理想的技术就是持续补货。

在进行品类供应链设计时，最核心的要素是量、周转和预测的准确性三个要素，它们对品类供应链设计具有指导意义。

量大，说明该品类所需的运输成本高、人工成本高，其他的一些成本也会提高；量小，说明其运输成本比较低，但是并不意味着其他成本低。如果商品周转周期比较短，那它所需的人工成本就会高；如果商品周转的周期比较长，显而易见，它的存货成本必然是高的。如果对该品类的预测比较准确，就可以得到比较固定的需求，降低风险；如果预测准确性比较低，就要承受资本成本高和潜在销售下降的风险。

4.4 案例：肽坦生物科技（成都）有限公司的蛋白转化事业[①]

肽坦生物科技（成都）有限公司通过霍尔果斯等口岸进口小麦等粮食，然后加工成饲料，在新疆、四川等地饲养肉鸡，然后在宰杀肉鸡趁活性尚在时，迅速提取胶原蛋白与透明质酸等顶尖生物技术提炼物，经简单处理后销售给葛兰素史克公司等生物和制药企业。这些企业或有关研究机构可以在此基础上生产心血管支架、真皮植入物、人造皮肤、人工血管、骨的修复和人工骨等健康产品。这种顶尖生物技术提炼物也可以经培养移植到患者眼睛，代谢坏死的眼角膜等。

该公司立足高端，通过葛兰素史克等厂家的审核以及 CFDA、CGMP 等国际认证，在生物制剂提取的原料来源及其安全性、整体工艺流程及设备、环保等方面有着极为严格的要求。

工厂的选址、建设等均参照欧洲标准。工厂更像是一个花园式的休闲区域。基于欧盟先进设备和工艺，整个生产过程实现无排放、无废弃物、全利用，生物提取物产生的剩余物均进行了综合利用。作为原材料的鸡骨架、鸡血等均是生物制剂提取的原料，羽毛用于副产物车间制取饲料所添加的原料。整个流程的固体废弃物只有少量的污泥，一部分用来养菌，进行生物处理，吸附气体的味道，另一部分经加工后成为猕猴桃、柑橘等果树的优质有机肥。项目所有管线由世界 500 强企业瑞典某公司进行全封闭设计，热源转换率高，实现无碳排放。

---

① 本部分内容根据吴志华调研的案例材料等整理而成。

复习思考题

1. 请结合实际说明费舍尔供应链匹配理论及其在中国的运用。
2. 以某超市为例,说说品类供应链策略的理论及应用情况。
3. 请从费舍尔供应链匹配理论视角,对 2020 年"双十一"中的实用产品市场产品性质与物流供应链匹配等问题进行分析,并提出降低供应链成本、提高环境保护水平的对策或建议。

第5章 现代供应链物流策略

5.1 从牛鞭效应看现代供应链物流的发展

5.1.1 传统物流及其牛鞭效应

在传统的物流系统中，需求信息和反馈信息（供应信息）都是逐级传递的，见图5-1。

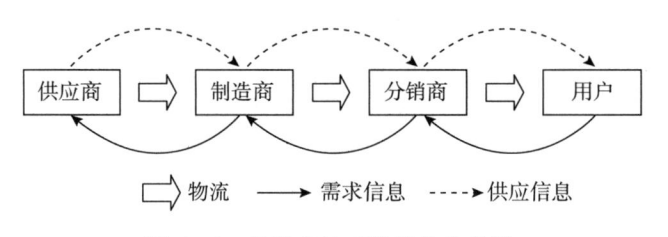

图5-1 传统物流系统的信息传递

其基本特点是：

①纵向一体化的物流系统，供应链从供应商到消费者有很多级别。

②同一个供应链上的不同企业缺乏合作，即以各自利益最大化为决策依据。

③企业基本上只从其直接的下游企业获取需求信息，没有共享有关的需求信息，信息的利用率低。

④物流水平低下，时常出现供应缺货现象。为保证及时与足额交货，企业通常会采取放大真实的需求，并提前进行批量订购的办法。

传统物流管理的这些特点，必然导致牛鞭效应的形成，并在很大程度上将牛鞭效应的影响扩大。在这种情况下，第三方物流就有了产生与发展的必要。

牛鞭效应（Bullwhip Effect），也就是所谓的需求变异加速放大原理，其基本思想是：当供应链的各节点企业只根据来自与其相邻的下级企业的需求信息进行生产或供应决策时，需求信息的不真实性会沿着供应链逆流而上，产生逐级放大的现象，达到最初的供应商时，其获得的需求信息和实际消费市场中的顾客需求信息之间产生了很大的偏差，需求变异系数比分销商和零售商的需求变异系数大得多。由于这种需求放大效应的影响，上游供应商往往要维持比下游供应商更高的库存水平。

李豪（1997）在搜集大量数据的基础上对这一现象进行分析后，把牛鞭效应产生的原因归结为四个方面。

(1) 需求预测修正

在供应链中，每家企业都会向其上游订货。零售商按顾客需求预测确定订货量和安全库存，分销商按照零售商的订货数量来预测需求，确定其安全库存，然后，生产商也按照分销商提供的订货数量预测需求，确定安全库存。各级企业通常采用指数平滑法来预测平均需求及其方差，观察的数据越多，对预测值的修正也就越多。最后到达上游供应商手中的订货数量已经过多次修正，库存控制不可避免地受到扭曲信息的负面影响。因此，多重预测是导致牛鞭效应的一个关键因素。

(2) 订货批量决策

订货批量也称作伯比奇效应（Burbidge Effect）。订货是存在成本的，供应链中的每个节点企业为了使订货成本和库存成本最小化，通常都会进行经济批量订货（EOQ）。所以对于供应链上的分销商、制造商和供应商来说，订货量一般都要比实际销售量大得多。如果安全库存的量比较大，就更加容易产生牛鞭效应的波动。供应链中各环节的交货期越长，波动就会越剧烈。此外，订单通常都是随机分布，甚至是重叠的。当顾客的订货周期重叠时，很多顾客会在同一时间订货，需求高度集中，从而导致牛鞭效应高峰出现。

(3) 价格波动或促销效应

产品价格在一定范围内随机变化时，零售商就会在价格低时增加订货，价格高时减少订货。另外，大批量订货的价格折扣、数量折扣和其他的一些促销手段造成的价格波动，往往会导致不正常的订货或销售，也会引起牛鞭效应。

(4) 配给博弈

配给博弈也称为霍利亨效应（Houlihan Effect）。当产品供不应求时，制造商会根据分销商的订货进行配额的限量供应。此时分销商为了获得更大份额的配给量，可能会超额订货。供求平衡时，订货量会回到正常的水平。这种短缺博弈导致的需求信息的扭曲最终会引发牛鞭效应。

牛鞭效应对供应链管理是不利的，它造成批发商、零售商的订单和生产商峰值远远高于实际客户需求量,进而造成产品积压、占用资金,使得整个供应链运作效率低下。供应链上的企业越多,这种效应越明显,整个供应链会变得十分复杂、低效。牛鞭效应导致的供应链上的需求信息失真度越大,其危害就越严重。

5.1.2 第三方物流及其对牛鞭效应的弱化

第三方物流(The Third Party Logistics,3PL)概念起源于外包,最早是由美国物流管理委员会提出来的。其含义是:物流渠道中的专业化物流中间人(以下简称物流企业),以签订合同的方式在一定期间为其他企业提供所有或部分物流业务服务的物流专业化运作方式。作为一个新兴的领域,3PL 从 20 世纪 80 年代以来已得到了越来越多的关注。第三方物流也经常被称为物流联盟(Logistics Alliance),合同物流(Contract Logistics),物流外协(Logistics Outsourcing)或全方位物流服务公司(Full – service Distribution Company,FSDC)。

从供应链角度来看第三方物流,第三方物流介于供应商和制造商企业之间,或者介于供应商和零售商之间,即它是供应方和需求方之间的连接纽带,是实现供应链管理的好方法。物流企业处于流通的中间环节,它提供了一体化的物流服务,是中间流通企业。物流企业不是只负责个别的运输业务,而是负责包括调货、库存管理、卸货、配送在内的客户的全部物流业务,即针对企业采取最佳经营战略设计物流系统,利用自己公司或其他公司的物流设备,在实际活动中解决问题。与传统企业组织的运作相比,将物流外包给专业的第三方物流供应商,可以使企业集中主业,构建与增强核心竞争力。

通常,把物流业务外包给第三方物流公司,可以使公司的固定成本转化为可变成本。公司仅向第三方支付服务费用,而不需要维护物流基础设施。对于那些业务量呈现季节性变化的公司来说,外包物流对公司盈利的影响就更为明显。例如,对于一家产品季节性很强的大零售商来说,要年复一年地在旺季聘用更多的物流和运输管理员,到淡季再开除他们是很困难、低效的,若和物流企业结成合作伙伴关系,这家零售商就不必担心业务的季节性变化。

企业可以利用物流企业的资源,调整其订货策略,实行小批量、多次订购的采购或供应模式。而订货批量的减少,在一定程度上弱化了牛鞭效应。另外,第三方物流提高了物流配送的效率,加快了交货速度,大大压缩了提前期。提前期的压缩意味着对顾客需求反应速度加快,有效解决上游企业了解顾客需求滞后的问题,从而削弱了牛鞭效应。

尽管第三方物流在削减单个企业物流成本方面做出了很大贡献，但其对牛鞭效应的削弱作用却十分有限。第三方物流并没有触及牛鞭效应产生的根本原因——供应链上各企业各自为政，形成短期决策。供应链上各企业可能与不同的第三方物流企业合作，导致整个供应链信息无法实现共享，各企业信息仍然不透明。另外，物流外包或借助于第三方物流，通常只能使企业的成本暂时降低，且使许多内部协调关系演变成了纷繁复杂的外部协调关系。随着竞争的加剧，单个企业在竞争中显得力量不足，市场竞争逐渐演变为供应链与供应链之间的竞争，而第三方物流着眼点是为单个企业降低物流成本，缺乏考虑整个供应链的宏观视角。

5.1.3 第四方物流及其对牛鞭效应的进一步弱化

随着竞争的加剧，一种着眼于整个供应链系统视角，使企业能够更有效率并快速反应的第四方物流（The Fourth Party Logistics，4PL）越来越引起了人们的重视。

第四方物流是有领导力量的物流服务商对公司内部和互补性服务供应商所拥有的不同资源、能力和技术进行整合和管理，提供综合的供应链解决方案，为其客户带来更大的价值。本质上，第四方物流提供商是一个供应链集成商，能不断促进供应链管理的发展。

第四方物流在供应链内部实现信息的实时更新、共享，促使供应链中各企业形成战略同盟，同担风险，同享收益，促使供应链各方从整个供应链的利益出发，以整个供应链价值最大化为目的，并将实现整个供应链的价值作为决策的依据，整合各方面资源，最终实现供应链的帕累托最优。

表5-1在服务目的、服务范围、服务内容、与客户的合作关系、运作特点等方面对第三方物流和第四方物流做了比较。

表5-1 第四方物流与第三方物流的比较分析

项目	第四方物流	第三方物流
服务目的	降低系统内物流供应链的整体成本	降低某个物流企业的运作成本
服务范围	制订综合供应链的实施方案	某家企业
服务内容	战略性的综合化物流方案，如企业信息系统、战略规划、战略分析等	某家企业的采购、销售物流系统的设计，如运输管理、仓储管理
与客户的合作关系	长期	合同内关系，根据合约签订时间长短

续表

项目	第四方物流	第三方物流
运作特点	专业化运作效率低，是集成者	专业化运作效率高，集成化低
物流方案设计角度	供应链整体利益	某家企业的利益
服务对象	大、中型企业	大、中、小型企业
服务支撑	供应链上的第三方物流企业技术、专业咨询公司咨询人才以及其他第三方增值企业	第三方物流企业自身技术，以及采购、流通资源

第四方物流，增进了供应链上各企业之间的联系，并将上下游企业的信息在供应链中共享，有效地削弱了需求信息在各个小系统中的放大效应。同时，由于供应链中各企业不再各自为政，以提升整个供应链价值为目标进行决策，会减少短期博弈及短期决策，最终摆脱牛鞭效应。

第四方物流触及了解决牛鞭效应的根本，对于削弱牛鞭效应是一个突破，但依然有一定的局限性。随着市场经济的发展，顾客的需求更趋个性化，而顾客需求波动性依然会导致牛鞭效应的形成；第四方物流将顾客视为不可控的外部因素，未将其纳入控制范围，导致了需求波动的不可控制，为牛鞭效应的形成提供了缺口。

5.1.4 现代供应链物流及其对牛鞭效应的再弱化

供应链物流（Supply Chain Logistics，SCL）可以理解为带有供应链特征的物流。相对于一般物流管理来讲，它不仅包括采购物流、销售物流和生产物流，还包括回收物流、退货物流、废弃物流等反向物流；不仅包括供应链渠道内成员从原材料获取到最终客户消费整个过程的一系列物流活动，还包括各物流成员的分工、合作与集成；不仅包括一般意义上的第三方物流、逆向物流，还包括在此基础上通过一定制度安排与现代信息管理技术手段的利用等得以不断开展的第四方物流与集成化物流等。当然，这是比较典型的供应链物流特征，或是要经由一定水平的供应链管理而达到的供应链物流要求。也就是说，使一般的供应链物流转变为不断优化的供应链物流，必须经由供应链物流管理。

供应链物流管理是指按照供应链管理思想对供应链物流活动进行计划、组织与控制的过程总称。作为一种共生型物流管理模式，它强调供应链成员间的协作（Cooperation）、协调（Coordination）与协同（Collaboration），注重总的物流成本与客户服务水平之间的关系，强调供应链成员间相关职能的整合或整体优势的发挥。

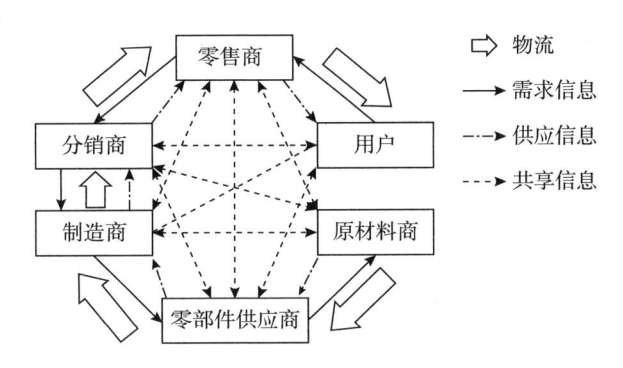

图 5-2 供应链管理环境下的物流系统信息传递

从图 5-2 可以看出，供应链管理环境下的物流信息流量大大增加，且呈现网络式传递的特征。企业通过现代信息技术等可以很快掌握并共享供应链上不同环节的相关信息，从而避免需求信息的失真现象。供应链物流可以充分利用第三方物流系统、代理运输等多种形式的运输和交货手段，降低库存的压力和安全库存水平；可以通过消除不增加价值的过程，提高供应链的敏捷性与精细化运作水平；对信息跟踪能力的提高，使供应链物流过程更加透明化，也为实时控制物流过程提供了条件。

现代供应链，特别是敏捷供应链，其战略目标是加快对个性化需求的响应速度，促进真实的市场需求对整个供应链的拉动，进一步弱化牛鞭效应。但快速、准确地满足个性化的需求必然会使顾客有一定的等待时间。顾客可以接受的等待时间有限，这为敏捷性供应链的具体实施提出了更高的要求，故现代供应链对牛鞭效应的削弱作用仍然有局限性。

5.2 现代供应链储运策略

储运是储存与运输的合称，是对进入物流系统的货物进行堆存、管理、保管、保养、维护以及将货物从一地点向另一地点运送等一系列物流活动。在供应链模式下，库存不仅影响单一企业的综合成本，而且制约着供应链整体的发展。目前供应链管理环境下库存不当的主要原因可以总结为以下几点。

1. 整体协调与合作欠缺

供应链上的各个节点企业为了应对不确定性，都设有一定的安全库存。从安全库存的定义及意义来讲，设置安全库存是企业采取的一种应急措施。问题在于，多厂商供应链，特别是全球化的供应链中，组织的协调涉及更多的利益主体，它们之间的信息透明度不高,而且缺乏合理的协调机制,这使企业不得不维持较高的安全库存来应对供应链的各种不确定性。这种情况也导致供应链上的企业之间的种种隔阂,而企业间存在的隔阂有可能使库存控制变得更为困难,因为它们有各自不同的目标、绩效评价尺度,有各自的仓库,也不愿意与其他部门或其他企业共享资源。在这种分布式的组织体系中,企业之间的隔阂对库存集中控制的阻力更大。相互之间缺乏有效的监督和激励机制,缺乏供应链整体的协调与合作是库存难以控制的主要原因之一。

2. 信息传递效率不佳

在供应链中,各节点企业的需求预测、库存状态、生产计划等都是供应链管理的重要数据,这些数据分布在不同的供应链组织中。要做到有效而快速地响应用户需求,必须实时快速地传递数据信息。低效率的信息传递系统,其信息提取和传输的延迟影响库存的精度。延迟时间长,预测误差大,将导致企业库存状态的夸大或生产、销售机会的损失。例如,企业为了制订一个生产计划,需要获得关于需求预测,当前库存状态,订货的运输能力、生产能力等的信息,这些信息需要从供应链的不同节点企业数据库获得,数据的调用和整理的工作量很大。数据整理完成后,制订生产计划,然后运用相关管理软件制订物料需求计划,这需要很长时间。时间越长,数据误差越大,而不准确的交货状态数据,生成错误的信息,直接导致不良库存状态。

3. 结构设计与策略问题

供应链结构设计与库存控制策略对库存的影响也非常大。现代产品设计与先进制造技术的出现,使产品的生产效率大幅度提高,而且会带来较高的成本利益,供应链库存因素的复杂性随之增加。在供应链的实际运作中,供应链的设计和运行往往是相互独立的,供应链结构设计一般考虑固定成本和相关物流成本,而库存投资、订单的响应速度等往往被忽略,这会导致库存控制失去有效性,增加了库存成本。

5.2.1 供应商管理库存(VMI)

供应商管理库存(Vendor Managed Inventory,VMI)就是基于供应链的集成化管理思想产生的一种供应链库存管理方法,也是在近年来被研究和运用得比较多的一种库存管理策略。供应商管理库存是一种长期的管理策略,它的成功与否取决于很多因素,它面临的和将面临的问题也很多,这是一个从理论到实践的艰苦的发展过程。我们只有在实践中不断地调整业务流程,优化供应商管理库存模式,才可能发挥出它应有的作用。

1. 供应商管理库存的概念

国家标准《物流术语》（GB/T 18354—2021）中对供应商管理库存（VMI）的定义为：按照双方达成的协议，由供应链的上游企业根据下游企业的物流需求计划、销售信息和库存量，主动对下游企业的库存进行管理和控制的库存管理方式。可以看出，实施供应商管理库存模式的双方，无论是供应商和制造商、供应商和零售商，还是制造商和零售商，其实都是供应链上游企业和下游企业之间的关系。为研究表述方便，统称负责供应并进行库存管理的一方为上游企业，接受库存管理服务的一方为下游企业。

供应商管理库存还有这样一种定义：以供应商和客户等供应链上的合作伙伴获得最低成本为目的，在一个共同的协议下由供应商管理库存，并不断监督协议执行情况，修正协议的内容，使库存管理得到持续改进的合作性策略。从本质上看，供应商管理库存模式的管理理念源于产品的市场全过程管理思想，即只要有一个产品没有被最终消费者购买并使消费者满意，那么这个产品就不能算是已销售，将构成供应商的一种潜在的风险，供应商负有责任监控该产品的流通状况，无论该产品的产权归属是怎样的。

由此可见，供应商管理库存是比较先进的库存管理办法，它打破传统的条块分割的库存管理模式，在一定信息结构下以系统集成的思想进行库存管理，使供应链系统各方获得以合作为基础的同步运作。上游企业拥有和管理库存，下游企业只需要帮助上游企业制订计划，从而实现下游企业零库存，上游企业库存大幅度减少，有效避免了牛鞭效应。

2. 供应商管理库存的优势

供应商管理库存可以很好地弱化牛鞭效应。在传统的供应链运作模式中，供货方和购买方的关系基本上是一种以零和博弈为基础的交易关系，购买方是以低买高卖来赚取差价的经营者。在这种关系结构中，购买方自行掌握库存，确定订货批量和订货次数。在这种库存管理模式下，购买方和供货方都拥有各自的库存、库存目标和控制策略，而且相互之间缺乏信息沟通，独占库存信息，因此就产生了牛鞭效应。在供应商管理库存策略下，供货方将购买方的库存决策权转移到自己手中，并且要求购买方提供足够透明的库存变化信息，以便供货方能及时、准确地做出补充库存的决定，由于购买方和供货方的库存可以进行一体化优化，所以供应商管理库存可以很好地弱化牛鞭效应。

另外，它为有效地实现零库存提供了条件。日益激烈的市场经济环境下，许多大型企业都与合作伙伴建立了战略联盟，依托战略联盟关系，在探索零库存管理方法和策略方面进行不懈的努力。虽然零库存是一种挑战极限的库存管理模式，其实践运作十分困难，但沃尔玛、雀巢、家乐福等公司的实践证明，供应商管理库存是一种具有可操作性的、能有效挑战零库存的策略。

3. 实施供应商管理库存的条件

供应商管理库存模式是由需求方主导的一种供应链集成化运作的决策代理模式，因为它把用户的库存决策权转移至供应商，由供应商、代理分销商或批发商进行库存决策，也可以说是将库存管理的风险转移给供应商。所以，VMI系统的运作也是一个复杂的过程。要想成功实施供应商管理库存模式，必须具备以下四个条件。

（1）上下游企业战略的高度一致

VMI系统不是把单个企业的库存内部化，而是扩大了供货方的企业边界。VMI系统实际上是购买方和供货方组成的企业战略联盟。因此，VMI系统的成功实施有一个重要的前提条件，即供货方与购买方的战略能够保持一致。只有建立战略高度一致的合作伙伴关系，供货方才能相对直接地控制购买方的库存，很好地与购买方实现集成和合作。

（2）必要的信息技术支持

要实施供应商管理库存模式，必须满足这些基本要求：一是购买方库存状态的透明化，即供货方对库存能随时跟踪调查；二是业务处理的标准化，主要指订单的标准化。因此，供应商管理库存模式的实施需要一些支持性技术建设。支持性技术主要包括：条码应用标识符、ID代码、EDI/INTERNET、连续补给程序等。

（3）良好的第三方物流平台

在一般的VMI系统中，供货方要同时向分散的多个购买方仓库配送货物。"低成本、高服务"意味着VMI系统是比自由库存管理更精细但也更脆弱的库存管理方法，它要求供货方有更全面、更细致的管理能力。因此，供货方通过合约把企业非核心业务的配送活动外包给专业的第三方物流是VMI系统成功运作的必要条件之一。

（4）合理的风险防范机制

由于供应商管理库存模式一般应用于购买方主导的供应链中，因此，供货方将面临一系列经营风险。在应用供应商管理库存模式的供应链中，购买方无论是短期还是长期，总能够从合作中获利，而在大多数情况下，供货方在短期内往往会遭受损失，在长期内才能获利。因此，在应用供应商管理库存模式的供应链中，购买方和供货方获得的收益和要承担的风险不对等，必须建立合理的风险防范机制对供货方所承担的风险进行管理，使购买方和供货方获得的收益和承担的风险能够对等。

4. 实施供应商管理库存的原则

在满足以上条件时，供货方和购买方之间实施供应商管理库存模式，还应该掌握好以下几个原则。

（1）合作性原则

供应商管理库存模式在实施时，相互信任与信息透明度是很重要的，信任是基础，合作是保证。

（2）互利性原则

供应商管理库存模式不是考虑如何就双方成本负担进行分配的问题，而是考虑如何通过合作降低成本的问题，该策略使双方的成本都得以减少。

（3）协议性原则

供应商管理库存模式的实施，要求各节点企业达成一致的目标，双方各负其责，具体的合作事项，如库存位置、何时支付、管理费及额度等都通过框架协议来明确，以提高操作的可行性。

（4）连续改进原则

此原则的目的是使供需双方能共享利益和消除浪费。供应商管理库存模式的主要思想是供应商在用户的允许下设立库存，确定库存水平和补给策略，拥有库存控制权。

事实上，供应商管理库存模式只适合对供应商具有绝对掌控力的领袖型企业。领袖型企业因其采购量上的优势，可敦促上游供应商配合默契。而一般中小企业，缺乏对供应商的影响力，并不适合供应商管理库存模式。

5.2.2 联合库存管理（JMI）

长期以来，供应链上的节点企业都有各自的库存控制策略，各自管理自己的库存。由于它们的库存控制策略不同，因此不可避免地产生需求的扭曲现象，即所谓的需求放大现象，形成了供应链中的牛鞭效应，加大了供应商的供应和库存风险。近年来出现了一种新的供应链库存管理方法——联合库存管理（Jointly Managed Inventory，

JMI），这种库存管理策略打破了传统的各自为政的库存管理模式，有效地控制了供应链中的库存风险，体现了供应链的集成化管理思想，适应市场变化的要求，是一种新的有代表性的库存管理思想。

1. 供应商管理库存存在的问题

在 VMI 系统中，上游企业拥有和管理库存，下游企业只需要帮助上游企业制订计划，这样，下游企业能够实现零库存，上游企业库存将大幅度减少。这种方法以双方都实现最低成本为目标，突破了传统的库存是由库存拥有者管理的模式，在一个共同的框架协议下把用户的库存决策权转移给供应商，由供应商代分销商或批发商进行库存决策。

虽然供应商管理库存模式能给整个供应链带来利益和效率，但其在实际运行中也出现了许多问题。具体来说，供应商管理库存模式存在以下局限性。

①供应商管理库存模式中，供应商和零售商协作水平有限；

②供应商管理库存模式对企业间的信任要求较高；

③供应商管理库存模式中的框架协议虽然是双方协定，但供应商处于主导地位，决策过程中缺乏足够的协商，难免造成失误；

④供应商管理库存模式的实施降低了库存总费用，但在 VMI 系统中，库存费用、运输费用和意外损失（如物品毁坏）不是由用户承担，而是由供应商承担。由此可见，供应商管理库存模式实际上是对传统库存控制策略进行责任倒置的一种库存管理方法，这无疑加大了供应商的风险。

2. 联合库存管理的基本思想

简单地说，联合库存管理（JMI）是一种在供应商库存管理模式的基础上发展起来的上游企业和下游企业权利责任平衡和风险共担的库存管理模式。联合库存管理体现了战略供应商联盟的新型企业合作关系，强调了供应链企业之间的互利合作关系。

联合库存管理是解决供应链系统中各节点企业独立库存运作模式导致的需求放大问题，提高供应链的同步化程度的一种有效方法。联合库存管理强调供应链中各个节点企业同时参与，共同制订库存计划，使各个节点的库存管理者对需求的预期保持一致，从而消除了需求变异放大现象。任何相邻节点需求的确定都是供需双方协调的结果，库存管理不再是各自为政的独立运作过程，而是供需连接的纽带和协调中心。

联合库存管理把供应链系统管理进一步集成为上游和下游两个协调管理中心，库存连接的供需双方以供应链整体的利益出发，同时参与，共同制订库存计划，实现供应链的同步化运作，从而部分消除了由供应链环节之间的需求信息扭曲现象导致的供应链的库存波动。联合库存管理在供应链中实施合理的风险、成本与效益平衡机制，建立合理的库存管理风险的预防和分担机制、合理的库存成本与运输成本分担机制和与风险成本相对应的利益分配机制，在进行有效激励的同时，避免供需双方的短视行为及供应链局部最优现象的出现。通过协调管理中心，供需双方共享需求信息，供应链运作的稳定性得到提升。

5.2.3 共同配送（CD）

2019年2月，《商务部办公厅关于复制推广城市共同配送试点经验的通知》发布，提出推广城市共同配送试点经验，构建布局合理的城市共同配送服务体系。2020年6月，《国务院办公厅转发国家发展改革委 交通运输部关于进一步降低物流成本实施意见的通知》发布，鼓励发展共同配送、统一配送、集中配送、分时配送等集约化配送，加强县乡村共同配送基础设施建设。

共同配送（Common Delivery，CD）是由多个快递物流企业联合起来，共同实施配送的方式。电子商务环境下的物流配送，是一种信息化、现代化、社会化的新型物流配送模式，在这种模式下，物流配送企业采用以互联网络云平台为核心的计算机技术和现代化硬件、软件设备，实施全面的现代化的先进管理。国内知名的电商企业，如京东、淘宝等，多数采用该模式。它是介于自营物流配送模式和第三方物流配送模式之间的一种合作联盟式的供应链物流组织模式，重点包括物流资源利用共同化、物流设施与设备利用共同化以及物流管理共同化等。

快递物流企业实施共同配送，采取的合作形式是建立企业联盟。企业联盟按照成员企业间的合作程度，可分为股权式联盟与契约式联盟。股权式联盟是指合作企业以持有股份的形式建立的要求企业共担风险、共享利益的联盟；契约式联盟是指合作企业以签订协议的形式建立的一种联盟。共同配送虽然是一个利益共同体，但由于各成员企业仍是独立的市场主体，会最大化自身利益，如果在联盟中所得利益不大于单独配送所得利益的话，那么联盟是不稳定的。为此，针对共同配送利益分配问题，探讨其经济学动因，设计公平合理的利益分配机制或制度至关重要。

5.2.4 库存共享 (IS)

库存共享（Inventory Sharing，IS）指多种渠道的库存存储于同一位置，或某渠道或销售点缺货时由其他渠道或销售点实施库存转运。根据共享对象的不同，库存共享策略可分为共享库存点和共享库存实物两种。共享库存点指共建一个库存点，如仓储中心；共享库存实物指发生缺货时实施库存转运。以零售业为例，根据零售渠道发展阶段的不同，库存共享又可分为单渠道库存共享、线上线下库存共享和全渠道库存共享三种模式。

(1) 单渠道库存实物共享

(2) 线上线下库存点共享

(3) 线上线下库存实物共享

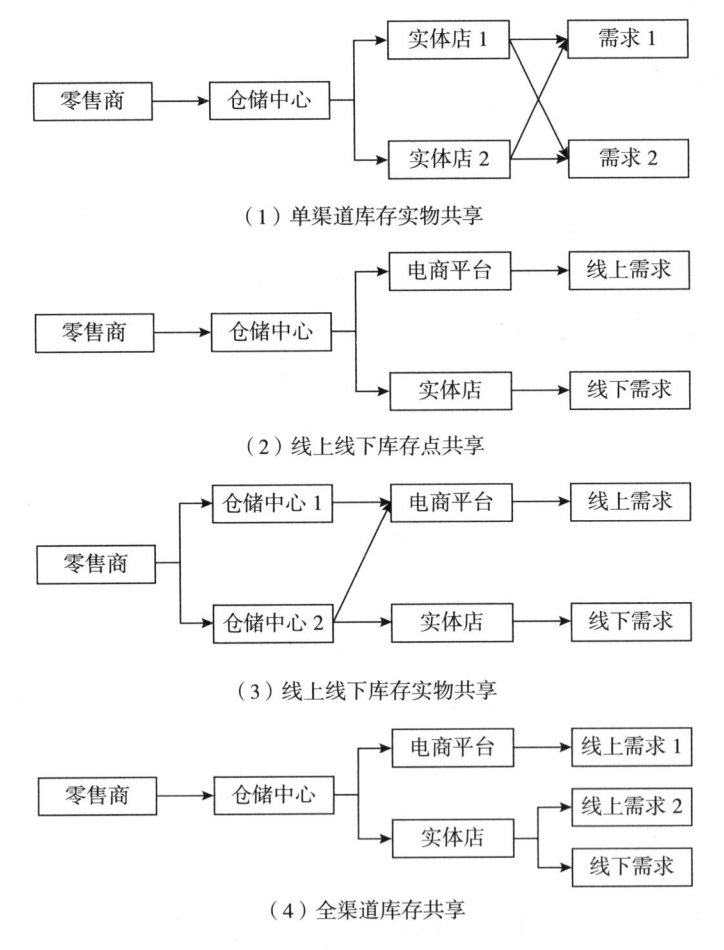

(4) 全渠道库存共享

图 5-3 库存共享模式示意图

①单渠道库存共享模式即单渠道库存实物共享。零售商只有一种销售渠道，如实体店，当某门店缺货时，该门店向附近有库存的门店申请调货，实施供应链同级同一渠道库存转运。

②线上线下库存共享模式有库存点共享和库存实物共享两种情况。零售商拥有两种及以上销售渠道，如实体店和电商平台。共享库存点指各渠道共建库存点，同时为两个渠道供货，该类库存点通常为仓储中心；共享库存实物指若线上渠道缺货，可将订单分配到相应门店，由门店发货。

③全渠道库存共享模式。该模式包含了上述两种共享模式，共享库存点和共享库存实物同时存在，其中库存点除了仓储中心，还包括线下门店，即门店的库存同时满足线上线下需求。

5.3 绿色供应链物流策略

绿色供应链可以降低物流对环境的危害，实现节能降耗，降低碳排放，实现对物流环境的净化，使资源得到最充分利用。它包括物流作业环节和物流管理全过程的绿色化。从物流作业环节来看，包括绿色运输、绿色包装、绿色流通加工等。从物流管理全过程来看，改进物流体系，既包括正向物流环节的绿色化，又包括供应链上的逆向物流体系的绿色化，从而实现可持续性发展的最终目标和经济利益、社会利益、环境利益三者的统一。

考虑到物流涉及的基础设施、基本作业、相关服务与综合管理，绿色供应链物流策略主要包括物流基础设施绿色化、基本作业绿色化、物流服务绿色化和物流综合管理创新等。

5.3.1 供应链物流基础设施绿色化

物流基础设施包括仓储设施、物流园区、道路桥梁等，其中仓储设施绿色化是物流基础设施绿色化发展的基本内容与重要抓手。仓储设施绿色化就是根据生态环保与新基建的要求，致力于在仓储设施全寿命周期内，最大限度地节约资源和减少污染，最大限度地应用绿色新能源，为仓储物流企业提供高效、适用、安全的存储空间与设施服务。仓储设施绿色化是一项系统工程，通过制订与切实实施带有硬约束的绿色标准，推动仓储设施的节能、节地、节水、节才等是关键。

行业标准《绿色仓库要求与评价》从仓库屋顶光伏分布式发电、仓库规划与设计节能技术、仓库绿色建筑节能技术、仓库暖通节能技术、仓库区域给排水技术、仓储照明节能技术、冷库建筑节能集成技术等方面对仓库绿色化提出了具体的要求。京东、苏宁、宇培、中外运、宇臻仓储、万纬仓储、万东仓储等先进企业的许多库区通过了绿色仓库的评估与认证，获得了中国绿色仓库的星级认证证书。

5.3.2 供应链物流作业绿色化

物流作业绿色化主要指在物流的运输、配送、装卸、搬运、分拣等作业过程中，采用绿色节能的物流技术装备，减少作业对环境与人员的影响等。为此，需要鼓励创造无间断、无绕道、无等待、无回流的增值流。无间断指将绿色物流贯穿于区域物流活动全程；无绕道指综合依据基础设施、区位条件选择或设计物流路线；无等待指在完全了解区域仓储品质、仓储地址、建设方向等情况的基础上，合理规划和选择仓储；无回流主要指在商品流通加工环节，通过现代技术，提高资源利用率，力争规避资源浪费。

供应链物流作业绿色化涉及具体的绿色自动化仓库技术设备，绿色输送分拣技术设备，绿色货架技术设备，绿色叉车等搬运设备，绿色托盘及相关产品目录、标准。

5.3.3 供应链物流包装服务绿色化

随着电子商务的高速发展，电子商务物流包裹数量呈现爆发性增长。物流包装不仅仅是电子商务配送末端的物流包裹，还包括采购、运输、仓储、分拣、加工、配送等各环节的包装。供应链物流包装浪费带来了巨量包装垃圾，需要对在拆箱、分拣过程中存在着的重复包装、过度包装、包装规格杂乱无章等问题进行系统化综合治理。可喜的是，四通一达、中国邮政、俄罗斯邮政、加拿大邮政、Fedex、新加坡邮政、苏宁、日日顺等中国及全球知名物流企业已经在努力推进绿色包装等工作。

5.3.4 现代供应链物流管理的绿色化效应

供应链物流管理的绿色化创新的抓手很多。例如，共享配送车辆资源可推动城市物流共同配送模式发展，减少城市物流车辆的行驶；共享仓储资源可减少仓库闲置，就近组织货物，缩短运输距离，实现配送路径优化和降低物流成本；共享货运信息资源可实现车货最佳匹配，减少货车运输中空返，实现物流集约化经营。但供应链物流管理的绿色化创新的核心是以下三大绿色化效应。

1. 集聚经济效应

绿色物流体系将市场需求信息快速聚集，使生产企业能够以较低的生产成本获得丰富的市场信息，有效地规避因信息制约而盲目生产导致的无谓损耗。在明确市场需求的情况下，一方面，生产企业能够有的放矢，有效保证企业收益的稳定获得；另一方面，在不断分析、预测市场需求变化的过程中，产品性能的优化改进、价值的合理提升是必然发生的经济行为，这自然会强化企业之间、产业之间的关联，从而使上下游企业、产业的合作增多，推进产业集团的形成和发展。

2. 规模经济效应

在绿色物流平台上聚集海量物流及相关信息，任何企业均能从中获得有助于产品生产经营决策的信息，以及市场需求状况、消费者偏好等有助于企业获得、把握、拓展市场份额的信息，且信息真实性远高于单个企业自担成本搜寻的信息。而要做到这一点，需要大力推进以高效节能为宗旨的绿色物流标准化、国际化进程，探索建立统一的绿色产品标准、认证、标识体系，在商品包装、运输、存储、加工、配送等环节减少原材料、能源等的使用量，减少对各种原材料、能源设备等的消耗，降低企业生产运行成本，推动绿色供应链体系的形成。

3. 生态经济效应

绿色物流在物流运作过程中能够抑制各环节对环境造成危害，同时也能够实现对物流环境的净化，使物流资源得到最充分利用。

5.4　案例：苏宁智慧物流助推绿色供应链创新发展[①]

为应对气候变化，我国力争在 2030 年前实现碳达峰，2060 年前实现碳中和。实现这两个目标是我国经济可持续发展、高质量发展的内在要求，也是推动构建人类命运共同体的必然选择。

加速绿色物流建设，首先是资源的循环利用，但建设循环物流体系成本高、投入大，在单个企业业务量有限的情况下难以平衡成本效益。越往下沉，成本压力越大。如果不能有效推进行业间的循环物流，就难以形成规模效益。

---

① 本部分内容根据吴志华调研的案例材料等整理而成。

针对打造绿色物流过程中存在的痛点，苏宁集团建议从法律法规建立和公共处理体系两个方面强化绿色物流建设，从而实现经济与社会效益最大化。

对于快递包装回收体系的建设，苏宁集团建议从垃圾分类回收处理体系的建设上借鉴经验，参照城市垃圾分类回收体系建设公共包装回收与处理体系，从而降低企业包装成本，增加社会效益，加快绿色物流建设步伐。

苏宁物流全方位推进生态环保工作，重点包括循环包装、瘦身胶带、一联单、可降解包装袋、零胶纸箱、新能源车、回收体系、绿色网点和绿色分拨等。

1. 循环包装

苏宁物流前期推广使用了多种循环快递包装产品，包括在中转环节使用的循环周转箱和循环中转袋，以及在末端配送环节使用的共享快递盒。

2. 瘦身胶带

预计到 2022 年年底，苏宁物流 42 毫米以下"超级瘦身胶带"封装比例为 99%，电商快件不再二次包装率 99%，可循环中转袋使用率 90%，回收体系覆盖全国超 99 个城市。

3. 一联单

截至 2020 年年底，苏宁积极响应《关于加快推进快递包装绿色转型的意见》，推动全国快递业务实现电子运单全覆盖，大幅提升循环中转袋（箱）、标准化托盘、集装单元器具的应用比例。

4. 可降解包装袋

苏宁物流前期对降解材料做了大量行业调研工作，同时联合多家上游供应商，试点使用全降解包装袋，测试可降解包装袋在实际物流场景中的使用效果，并在部分大区进行试点使用，逐步减少一次性不可降解塑料包装袋的使用量。

5. 零胶纸箱

苏宁物流推出了零胶纸箱，并针对零胶纸箱的性能、封箱效率、成本等方面进行了测试和分析，联合供应商对纸箱结构等进行了优化，在部分大区进行了试点使用，并将不断扩大使用范围。

除此之外，苏宁物流针对纸箱包装性能参数进行了优化，在能够保护商品、方便储运的前提下，调整选用低克、重高强度的纸箱，节约了瓦楞纸箱使用量。苏宁物流积极探索原发包装，将联合上游商品生产商，积极拓展原发包装品类和场景。

在推进绿色电商标准化建设及模式应用的投资和费用方面，苏宁主要围绕设备耗材采购、系统研发、逆向物流运输、人员管理等方面开展工作。

复习思考题

1. 简述供应链物流的概念与特点。
2. 简述供应商管理库存与联合库存管理的异同。
3. 请结合实际，从牛鞭效应弱化视角说一说大力发展现代供应链物流的必要性、路径与具体做法。

第6章　现代供应链关系策略

6.1　现代供应链关系的主体策略

供应链的主体是指供应链管理中主动影响客体或伙伴的一方，是主动进行供应链管理活动、向供应链伙伴主动施加影响的各种企业。

根据主体在供应链中的地位和作用，可以将供应链主体划分为核心企业与非核心企业。供应链核心企业发挥着主导作用，掌握着供应链的发展方向和整合方向；供应链的非核心企业则主要围绕着核心企业发挥其特长。

6.1.1　囚徒困境和供应链关系策略

供应链节点企业间存在合作竞争关系，但个体理性差异、信息不对称性等因素的存在，使企业间的合作不能达到双方效益最大化，甚至可能造成合作关系的破裂。企业间建立长久的合作关系十分困难，如果企业都采用利己策略，就会陷入囚徒困境。囚徒困境是一场特殊的游戏，它解释了为什么当合作对双方都有利时，合作仍然难以实现的问题。反映了集体利益与个人利益之间的矛盾。

囚徒困境模型是指两个犯罪的人被判入狱，无法相互沟通。如果两个人没有互相揭露对方，每个人都被判入狱一年，因为证据不确定；如果一个人揭露对方，另一个人选择保持沉默，那么揭露的人就会被立即释放，沉默的那个人因为不合作将会被判入狱十年；如果他们彼此揭露，证据确实存在，双方都被判处入狱八年。由于囚犯间不能相互信任，他们往往会选择互相揭露，而不是保持沉默。这最终导致纳什均衡只落在非合作点上的博弈模型。

囚徒困境模型中的博弈次数不同，结果也不尽相同。在重复博弈的过程中，每个参与者都有机会在下一场比赛中惩罚对方上次的欺骗行为，因此结果在多次博弈情况下会趋向于合作。

欺骗的想法被惩罚机制遏制，在无限重复游戏的过程中，纳什均衡倾向于帕累托最优，囚徒从相互背叛走向彼此忠诚。而在单次博弈中，因个体理性思考，双方一定会陷入囚徒困境。

在限定次数的博弈中，如八局，如果第一局中甲选择沉默，建立了互信的关系，乙也会选择沉默，进而导致帕累托最优。当然，两个囚徒想法相似，在第一局时会选择沉默，期望与对方建立互信关系。第二局时，双方亦有此相似想法，所以会选择继续保持沉默，以期在互信的情况下继续进行第三局及余下五局。但这种想法是不合理的，因为第八局的沉默是无意义的。第八局时，囚徒完全没有必要选择沉默以期建立信任关系维持第九局的合作博弈，因为没有第九局，所以囚徒一定会在第八局时选择背叛对方，这是上策，保持沉默是为了下一局博弈中对方能够保持沉默。双方都有相同的想法，明知第八局时对方会背叛自己，那第七局的保持沉默也是无意义的，囚徒会在第七局时选择背叛，以此类推，结果就是八局中，双方都会选择背叛，不会建立互信关系。

因而，只有在大家都不确定博弈局数的情况下，合作才有可能发生，即双方都保持沉默以期下一局的合作。

在供应链管理中，节点企业在选择合作伙伴时常常会面临这样的问题，出于自己利益的最大化考虑，会以不合作的方式防止被欺骗，导致供应链节点企业关系的不稳定，出现猜忌、出卖、竞争以及对立，导致纳什均衡存在，即双方都无法实现利益最大化。

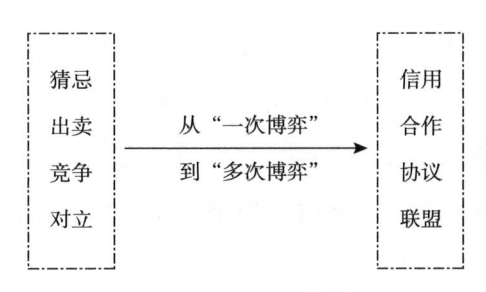

猜忌 出卖 竞争 对立　从"一次博弈"到"多次博弈"　信用 合作 协议 联盟

图6-1　一次博弈与多次博弈的不同

在供应链管理中存在诸多理性人决策,为了个体利益最大化使合作陷入囚徒困境。但随着合作时间的延长、博弈次数的增加,着眼于信任的合作就成了共赢的不二法则。它要求我们在解决问题的过程中,立足长远利益,在主动合作的同时保持自己的原则与立场,积极参与在信息化时代有助于建立信任关系的新技术研发与应用,寻求更多的合作,从而实现个体与集体利益的最大化,即重视现代供应链关系策略。供应链关系策略有助于理顺供应链上公司与公司、部门与部门、人与人之间的脉络,使各方更愿意进行专长基础上的合作。

供应链关系策略的核心是解决是否愿意协作的问题。它包括:①与供应链的关键伙伴签订长期合作协议,给不同部门设立统一的指标,给员工具体的绩效考核目标等;②通过让采购、运营、物流、计划、客服等职能部门统一向同一上级部门汇报等办法打通管理职能之间的壁垒;③通过企业可拓展的方式,如公司兼并、整合或剥离等降低长期协作成本偏高问题。

供应链关系策略的关键是解决能不能有效协作的问题,主要包括确保与协同相匹配的流程优化,以及通过实现供应链标准化、互联化、数据化、策略化与效益化等来保障战略合作伙伴关系的能力。

6.1.2 现代供应链核心企业及其关系策略模式

供应链的核心企业被誉为供应链运行的动力源,决定了战略合作伙伴关系以及供应链管理的成败。要成为供应链的核心企业也必须满足一定的条件和要求:①核心企业必须具有影响力;②核心企业必须具备吸引力;③核心企业必须具备融合力。现代供应链核心企业关系策略模式主要包括以下几种类型。

1. 制造商网络直销型模式

在这种供应链管理模式中,制造商充分利用电子商务的模式和技术,创建或删除商品的分销和零售系统,直接利用网络在电子技术的支持下展开销售。这种模式下的成员结构包括多级供应商网络和制造商,如果利用第三方电子中介商的网络平台,则还包括第三方电子中介商。在这种网络直销型供应链管理模式中,核心企业的定位问题是很容易分析的。

在网络直销模式中,制造商基于保证自身核心竞争力的考虑,一般会将生产、制造等业务运作以外包的方式转移给合作伙伴或零部件、半成品的供应商,而本身只保留研发、市场营销或电子商务等核心业务，因为这些才是距离客户最近的，企业所应该执行的职能，制造商不再仅仅生产、制造和装配产品。制造商的这些合作伙伴，零部件、半成品的供应商在性质上都可以被划入该模式的多级供应商网络，它们是供应链的主要生产型企业，而且又是距离最终客户或消费者最远的成员企业。因此可以看出，它们不是以实体的身份参与供应链，而只是因自身的功能成为制造商的商务网络在外界的延伸。这种情况不属于分销渠道型，可以被看作制造商的基础设施外包的一种。制造商要在管理好供应链的同时，协调好与下游企业的供货关系、商品转交关系等。

这些多级供应商在供应链管理模式中是无法处于核心企业地位的。而在该模式下，制造商是商品供应和商品销售的中枢，全权负责供应链的物流过程、信息流过程以及价值流和业务流过程。制造商的触角一端直接延伸至客户，另一端直接连接到供应商，因此，它既能迅速了解顾客和市场需求信息的变动，又能洞悉商品生产、制造或在途的一切内部运作信息。这两端的信息都在制造商处汇总，使它能够轻而易举地、及时地、准确地做出各项反馈决策。由此看出，制造商是网络直销型供应链管理模式的信息处理中心、物流调度中心以及协调规划中心。同时，这种直销的产品一般都是处于发展成熟阶段的品牌产品，消费者或客户会相信产品的质量，直接在网上下订单，而能够生产处于成熟期的品牌产品的制造商也一定具备充当核心企业的企业信誉、企业影响力、企业发展能力等方面的条件。因此，制造商自然会成为网络直销型模式的核心企业，而多级供应商只是制造商的业务合作伙伴，密切地配合制造商的生产、销售及服务等活动，促进供应链的协调运作。

2. 大型零售业主导型模式

大型零售业主导型供应链管理模式是指大型零售业凭借其资金、品牌、信息、渠道、信誉等优势，对整个供应链的运作和管理拥有主导权，而其上游的供应商网络、制造商、分销商等处于从属地位，各自承担一定的责任，共同为满足消费者的需求而努力协作。最典型的大型零售业主导型供应链管理模式就是沃尔玛的供应链管理模式。

随着经济的发展，在市场消费者驱动的无缝信息流的作用下，供应链管理中的决策权和资源开始向处于供应链最佳地位的成员转移，大型零售百货店开始在供应链中取得更多的控制权，连接着制造商及批发商和让人捉摸不定的消费者。当沃尔玛、家乐福、麦德龙、万客隆等大型连锁零售商出现后，它们在供应链上逐渐走向举足轻重的地位。而其上游的合作企业因为与消费者的距离较远，不能及时把握市场的脉搏，只能依靠零售商来增加信息搜集，降低供应链运作的不确定性，所以，上游的合作企业不具备充当核心企业的条件。零售商直接面对供应链的最终消费者，并直接承受着来自包括顾客在内的复杂市场环境的影响，因此，零售商的最大优势就在于它能够使顾客成为真正的供应链信息源，能够把市场信息及时、准确地传递给上游的合作企业，能够高效地满足顾客和市场的需求。零售商是该模式的信息搜集中心和协调服务中心。

信息的价值是巨大的，"用信息代替库存"这句话不免有些夸张，但是它实实在在地突出了信息在供应链管理以及当代市场竞争中的重要地位。零售商因为自身的地位优势，能够最方便、最快捷地搜集决定供应链运作和管理绩效的关键信息，并对这些信息进行处理和加工，然后与供应链成员共享需求、存货情况、生产能力计划、生产进度、促销计划、需求预测与装运进度等方面的信息，从而弱化供应链中需求的变动性，帮助供应商和制造商等做出更准确和更及时的预测，把握市场变化，充分协调生产和销售系统，使供应链更快捷地响应市场需求变化并做出反馈决策。

另外，零售商在与顾客面对面交易的过程中，还能够逐步掌握顾客的消费偏好、消费习惯、满意程度等，从而挖掘顾客的潜在需求，搜集市场竞争信息和价格信息等。所以，大型零售商是市场的触角，在供应链管理模式中起着信息集成和协调组织的作用；一方面，零售商与顾客和市场这种紧密的关系决定在该模式中必然成为核心企业；另一方面，这种大型的零售商拥有资金实力、品牌资产和渠道条件，决定了它们能够合乎成为核心企业的条件，这表现在他们的服务优质、准时交货、货物齐全、性能可靠以及良好的市场开拓能力、发展潜力等方面。

3. 分销商批发业主导型模式

分销商批发业主导型供应链管理模式与前面所讲的大型零售业主导型模式最大的不同就是供应链最末端的零售商不是规模大、实力强的大型零售业，而是一些中小型的销售店铺之类的零售商，而紧挨零售商的分销商批发业则相对强大，它们通常采用了先进的信息技术，能部分地代替零售商的备货、分拣等物流机能，能通过商品进货的广泛性和多样化来加快使零售商满足客户多样化需求的货物补给速度，还能帮助零售商实行单品管理和店内促销管理。除此之外，分销商批发业在整个供应链管理中所具有的职能和所发挥的作用与大型零售商主导型模式中的零售商是基本相同的，同样具有信息搜集中心和服务协调中心的地位。

这种供应链管理模式最常见于日常性用品和一般性商品的行业，组建供应链的生产商和零售商基本上都是一些中小型企业，具有数目较多、规模较小、名气一般的特点。对于这些中小型的生产商和零售商而言，要想使单品管理和物流管理适应柔性化、及时化响应的经营管理，建立一整套自己的完整的经营管理体制是很困难的。

同时，零售商和制造商也很难协调产品供需的多样性与专业性、采购量与库存量、分批需求与连续供给等之间的矛盾。因此，自身实力强大、充分信息武装的分销商批发业的作用便凸显出来，其在组织、业务职能和经营管理等方面都发挥出主导作用。具体而言，分销商批发业在该模式下主要起着这些重要的作用：①分销商批发业能够直接了解零售企业和消费者的需要，科学地组织货源，提供优质服务，扩大销售，还能够将批零交易内部化以节约交易费用，开展零售支援；②分销商批发业除了向零售企业转售商品之外，还能向零售企业提供促销、广告、营业技术指导等全方位服务，帮助零售企业进行市场调查、分析和预测，提供商品结构调整方案；③分销商批发业能够强化商品调集、编配能力，从而找出产销连接薄弱的市场，发展自身的核心竞争优势，提高商品开发能力。

中小型生产企业开发新产品的能力和中小型零售企业获取新商品经营机会的能力与各自领域的大型企业都无法抗衡，而批发业更有条件和能力提高自身商品开发能力。在该模式下，分销商批发业往往通过增强自己批发产品的多样性和广泛性，将业务辐射到更多的零售商，来提高商品流通的效率，加强零售商对最终用户的响应能力。同时，经信息技术充分武装后，分销商批发业在物流配送系统的管理上，能部分地代替零售商进行物流作业，承担备货或分拣等各项物流机能，从而大大促进中小零售商的各种经营费用的压缩，使零售终端价格具有绝对优势，实现有效经营，增强竞争实力。另外，分销商批发业因为信息汇集，能够快捷地响应需求变化，利用自身的信息集中优势对零售商各店铺的商品销售动向进行分析，进而指导零售商，为他们提高经营业绩提供建议和帮助。同时，分销商批发业在发挥自身重要作用的过程中，已经具备了充当核心企业的实力。因此，大型分销商批发业就成为这种供应链管理模式中的核心企业。

4. 产销联盟型模式

产销联盟就是特定的生产企业和特定的流通企业以长期的交易关系为基础，通过签订契约形成特定联盟的行为，也可以理解为制造商、分销商和零售企业建立战略联盟，在信息共享的基础上为响应消费者需求而及时提供商品的组织方式。产销联盟是流通构造发生变化，并且改变了生产和流通之间社会分工关系的新型结构，是在信息处理技术和物流技术发展的支持下，更加有效地组织管理的运营模式，改变了企业之间的关系，使其向着改变社会分工关系的方向发展的行为。产销联盟型模式中的交易关系以生产、库存、销售信息和店铺信息的相互公开为条件，目标是提升各种业务的效率。它将店铺的销售信息及时连接到生产基地和库存据点，提高库存的周转率，进而使信息的共享为决策提供支持。

在产销联盟型供应链管理模式中，制造商、分销商、零售商直接结成联盟，分销商、零售商能够和制造商在业务上集成，消除或减少信息扭曲，通过建立自动订货、发货系统等现代信息手段和交易框架，确立长期的合作关系，稳定供应链的关系和结构。

产销联盟的主体包括制造商、分销商和零售商。按照传统的结合方式分类，可以是上游面向下游的前向联盟，也可以是下游面向上游的后向联盟。即制造商对分销商和零售商的联盟以及分销商对零售商的联盟可以称为前向联盟，分销商对制造商的联盟以及零售商对制造商和分销商的联盟可以称为后向联盟。前向联盟中，制造商的实力更强大，处于供应链管理中的主导地位，因此，制造商是前向联盟中的核心企业。后向联盟中，零售商的地位更加重要，处于供应链管理中的主导地位，因此是后向联盟中的核心企业，实际上，这类似于前面所提到的第二种模式，大型零售业主导型模式。

在产销联盟模式中，有大型的制造商为了产品的销售渠道而联盟的情况，有大型的零售商为了独占产品的供给而与中小制造商联盟的情况，也有大型制造商和大型零售商进行联盟的事例，其中最典型的就是宝洁和沃尔玛的产销联盟。值得注意的是，如果产销联盟中有明显实力强大的公司存在，那么核心企业一般就是实力强大的企业，如前向联盟中制造商成为核心企业，后向联盟中零售商成为核心企业。而如果产销联盟是大型零售商和大型制造商之间的联盟，如宝洁和沃尔玛的联盟，就不好轻易论断谁应该成为核心企业。这种联盟既可以说是前向联盟，也可以说是后向联盟，不存在明确的联盟的主导和核心，更确切地说，是彼此充分信任，结成一种平等互利的合作关系。沃尔玛需要宝洁的品牌，宝洁需要沃尔玛的顾客渠道，而且双方的实力都很强，都具有自己的品牌资产，在地位上难以区分出高低来，任何一方的离开都会对自身和另一方的利益产生巨大的破坏。

因此，可以说在这种产销联盟模式中，不存在绝对的核心企业，也可以大胆设想为两者都是核心企业。但是有一点可以确定，那就是在不同的发展时期和阶段，在供应链不同的业务领域，总有一家企业的地位更加突出和重要一些。而且，不可否认的是，鉴于人们消费的多样性和个性化发展趋势，商品生命周期的日益缩短以及市场竞争环境的飞速变化，顾客需求和市场变化信息将越来越成为关键因素。因此，随着供应链管理实践的发展，在地位上具有优势的沃尔玛将会有更多的机会，更大的概率，在更多的时期、阶段和业务领域中成为核心企业。

6.1.3 现代供应链非核心企业及其向核心企业转换

供应链非核心企业即在供应链中需要依靠核心企业，处于依附地位，通过发挥自己的特长，配合核心企业的战略，促进整条供应链有效运作的企业。供应链非核心企业在产品生产、组织战略、业务流程等方面配合核心企业。供应链组织间的依附关系和合作关系非常紧密，虽然获得的利益少于核心企业，但从过去通过竞标获得订单或产品的不稳定方式转变为相对稳定的利益获得方式，并同时降低相应的营销、采购方面的成本，对于非核心企业来说还是更优的选项。供应链非核心企业和核心企业可以有效地进行合作，从而促进供应链的健康发展，提升供应链的整体竞争力。

现代供应链非核心企业供应链关系策略的着眼点如下。

①协同有利于培养其技能和优势，更好地获得竞争优势。

②协同有利于经济规模效益的外溢。例如，设备利用率的提高、共同销售队伍或统一的订货手段，有可能使两家企业的成本都得到降低。同时，协同也会带来其他一些比较抽象的好处，管理者有可能把他们在一家企业中积累的知识和经验应用于其他企业。

③协同有利于互补效应和协同效应的显现。企业充分考虑自身在整个供应链中的角色和地位，针对角色和地位，更合理地利用内外部资源，实现企业发展的战略制胜。

随着技术的不断进步以及各种新的经营方式的出现，供应链的结构将更加虚拟化、网络化和动态化，供应链网络的管理也将更加柔性、敏捷和平行。在这种情况下，供应链中的非核心企业有可能转化为核心企业或多核心企业中的一员，主要原因如下。

1. 核心企业不再是唯一的

供应链中会出现若干核心企业并存的局面，这些核心企业可能分属于不同地域，或不同业务领域，或不同产品线。因为随着供应链的结构向着网络化、虚拟化和动态化的复杂方向日益演变和发展，在供应链或供应网络中将很难找出明显的完整的链条边界。相应地,供应链或供应网络将形成一种随时需要、随时接入的即插即用的动态结构。这时,供应链的核心企业就未必是唯一的了。当多个大型跨国集团和众多中小型企业共同合作,参与组建全球化供应链时,更会出现这种情况。在不同的国家、不同的行业领域、不同的业务范畴中,同时存在若干个核心企业,共同负责供应网中的各个供应链子集的顺利运作,以实现整个供应链良好运行的目标,达到最佳绩效。

2. 核心企业之间会为了资源的最合理有效利用而互换角色

在供应链管理向敏捷化、精益化和电子化方向升级的过程中,一切业务流程活动都将遵循一个共同的宗旨,那就是全力投入,共同满足客户需求。这往往会导致供应链的合作伙伴在必要的情况下进行功能互换,让最合适的企业承担起最适合它的职能。这样就保证了供应链的各个合作企业之间能够最充分、最有效地利用自身的资源和核心竞争能力,发挥出最大的能量,使供应链管理展现柔性、敏捷性和精益性的特点,获得运作和管理成效。

在不同地域、不同业务环节、不同时期的核心企业之中,接近客户终端,同时也具有相应实力或潜力的企业成员将会成为重中之重。这里的客户终端是指与整个供应网络相对应的客户终端,它包括供应链的各个子集的客户终端的总和。因为某些供应链子集的客户终端可能是供应网络中另一些供应链子集的供应方,所以,越接近客户终端的供应链子集中的核心企业就越会成为供应网络中的核心部分。在众多核心企业之间存在着良好的信息共享、资源互通和互信互利的战略合作伙伴关系的基础上,彼此之间充分对等的信任会让那些成为重中之重的核心企业发挥出更为突出的影响力,让处于次重地位的核心企业更好地协调和配合,从而最终推动整个供应网络在市场竞争中立于不败之地。

3. 供应链中可能存在独特类型的核心企业

供应链上所有企业的整合能力,某种程度上又表现为供应链核心企业的核心竞争力及其对整个供应链的影响。习惯上,大家把品牌商与零售商看作全球服装供应链的核心企业,而把OEM看作在其导引下进行低价竞争的"国际民工"。但联泰国际集团通过D2S的实践,较好地实现了由一般企业向核心企业的转变。据其总裁陈祖龙介绍,联泰将其运营能力从制造环节向供应链上下游具有更高价值博弈能力的环节延伸,并在供应链上下游企业之间搭建一个桥梁,据此,联泰从一个被客户选择的被动角色转变为对整个供应链进行主动协调的角色。由于全球化供应链是相关企业相互适应、相互认同后形成的一种和谐体系，因此 OEM 能否通过服务使相关企业，尤其是核心企业在价值观上认同，在经济上受益就成了问题的关键。在这方面，联泰为广大 OEM 提供了非常宝贵的经验——以服务而非挤占上下游的战略定位使 OEM 取得拓展业务和改善上下游关系的双重效果，是一种既利于拓展业务，又不与上下游主要客户发生冲突的两全之策。

6.2　现代供应链战略合作伙伴关系

现代供应链战略合作伙伴关系（Modern Supply Chain Partnership，MSCP）指在现代供应链内部，两个或两个以上独立的成员之间形成的一种以共享信息、共担风险、共同获利与持续成长为重要内容的协调关系。

供应链各环节领导者应当更注重员工、客户、供应商等主体的不确定性及其关联，激活员工的创造力与客户潜能，协同改善由外向内、自下而上的供应链合作伙伴关系。

6.2.1　传统上下游关系与现代供应链合作伙伴关系

早期的观点认为，供应链是制造企业内部的一个过程，指将采购的原材料和收到的零部件通过生产的转换和销售等传递到用户的一个过程。

传统概念的供应链局限于企业的内部操作，以企业的自身利益目标为导向。传统的供应商关系大多局限于制造商与供应商，制造商与分销商、零售商之间，是一种类似 1∶1 的关系，但是对于供应链来说，是 1∶1∶1，有的时候是 N∶1∶N，也就是说供应链考虑的可以是多家企业跟一家企业合作。传统的供需关系不稳定，可以是今天和你合作，明天就跟别人合作；传统的上下游企业之间存在信息断层现象，也就是厂商与客户之间是不接触的，久而久之会有牛鞭效应等现象产生。传统的上下游企业关系见图 6-2。

后来的对供应链的定义关注了企业之间的联系，关注了供应链的外部环境，认为供应链是通过不同企业的制造、组装、分销、零售等过程将原材料转换成产品并将产品送至最终用户的过程，是零售商、分销商、制造商和供应商的内部以及贯穿于供应网络中的物流、信息流和资金流的协调整合，是一体化的，形成了供应链上下游企业的新型合作伙伴关系（见图 6-3）。供应链上下游企业的新型合作伙伴关系基于信息流及部门、组织、流程以及地理分布上的集成，更为强调组织接触面的管理，即组织之

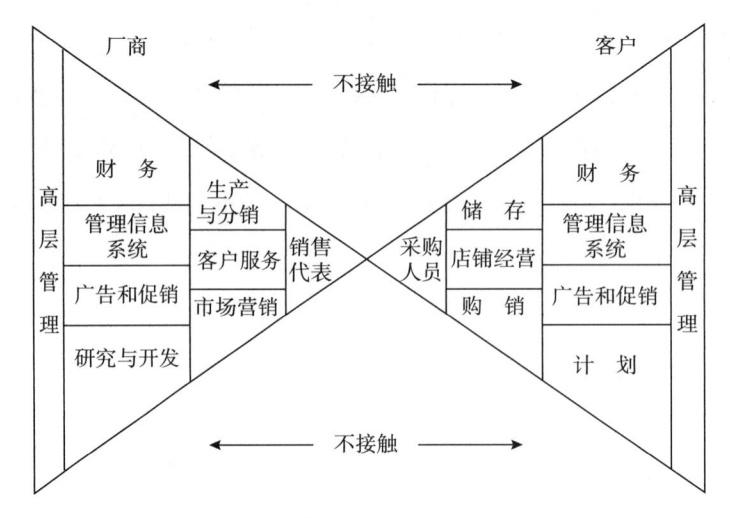

图 6-2 传统的上下游企业关系

间的协调、合作、运营的管理。企业不应再是竞争的主体，实体供应链之间的竞争将竞争的内涵扩大了。

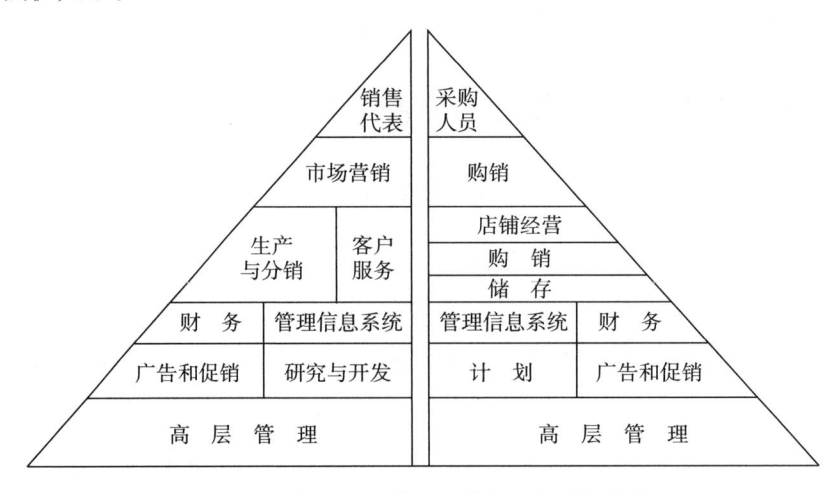

图 6-3 供应链上下游企业的新型合作伙伴关系

供应链上下游企业的传统关系中，供应链节点企业之间是一种基于价格与利润挤压的博弈关系，从供应商到终端顾客实质上是一条博弈链，一方的获益往往代表着另一方的让利。但供应链一体化管理模式可以改革这种弊端，因为供应链的良好运作以供应链成员企业相互间充分信任和相互合作为基础，供应链成员结成共赢性战略联盟，一方的成功是以自身的核心优势服务另一方的成功，整个供应链的成功是以供应链上的每一个成员企业的成功为基础的，一方的失败或受损会导致其他企业甚至整个供应链的受损，成员企业间是一荣俱荣、一损俱损的共生共赢的关系。如果供应链中的某家企业篡改供应链规则，压榨供应商或轻视顾客服务质量，在现实环境下将会被顾客所遗弃，那么供应链中的核心企业及其他成员将会采取一致行动,将其清除出供应链,因为他的存在可能造成供应链的崩盘。所以,良性的供应链一体化应是通过无缝连接让所有企业一起为顾客服务,使供应链中的每个成员在服务好终端顾客中分享利益。

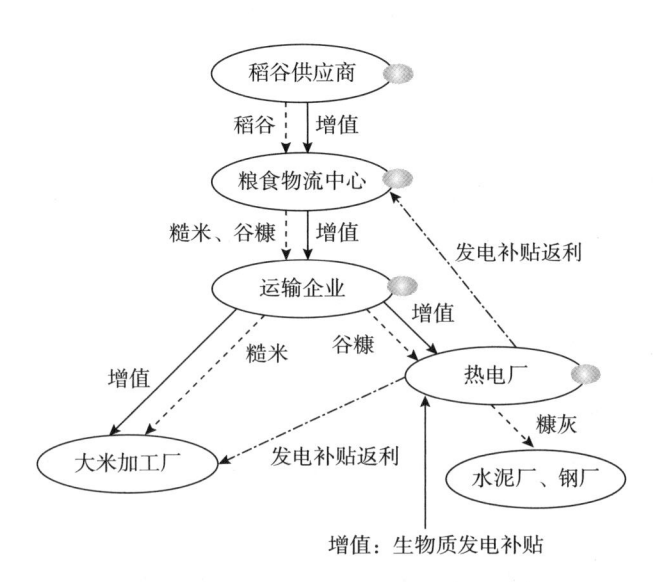

图 6-4　基于糙米增值供应链的战略合作伙伴关系图

供应链上下游企业的新型合作伙伴关系的案例很多,图 6-4 显示的是苏南地区的某个项目基于糙米增值供应链的战略合作伙伴关系图,主要内容如下。

1. 确保供应链各主要环节的系统增值

①稻谷供应商根据粮食现代物流中心不同仓单规模要求进行批量采购,相对于大米加工企业小批量多批次的采购来讲,能有效降低稻谷的单位采购与储运成本;②粮食现代物流中心依靠运河水源,采用浅层地能冷藏保鲜系统提供稻谷和糙米的低温仓储服务,可减少虫害和储藏期间杀虫药剂的用量和污染,减少储藏期间的水分损耗,能大大提高稻谷和糙米的品质,从而有效地实现销售环节的增值;③粮食现代物流中心根据客户要求集中加工糙米,并在此基础上通过供应链重要成员——第三方运输企业对糙米与谷糠进行集中配送,能够提高运输效率;④热电厂得到稳定的充足的谷糠来源,不仅可以获得政府有关生物质发电项目的电价补贴[①],还可以降低规模生产成本等。

---

① 具体参见国家发改委《可再生能源发电价格和费用分摊管理试行办法》。

2. 确保供应链整体运作的客观、公正与透明

这包括：引入相对客观公正且权威的第三方粮食品质检验和数量计量机构；使仓单形成过程、仓单交易过程及结果及时上网；实行供应链成员理事会制度，聘请第三方机构进行供应链各环节成员的成本费用测算，以及供应链各成员都必须遵照执行的行事规则与利益分享制度等的设计。

3. 返利制度

供应链各成员的合作可以保证热电厂谷糠来源的规模化和稳定化，且只有谷糠供应规模化与稳定化，热电厂才可以申请到国家有关部门生物质发电的电价补贴。增值的公共部分会在发电环节得到集中体现，但必须在热电厂、大米加工企业、粮食现代物流中心等相关机构中进行重新分配。于是，供应链各相关成员共同设计了有关公共增值部分的测算与返利的制度，得到了合作伙伴的一致赞同。

由此看出，该粮食现代物流中心与供应链其他成员之间构成了一种战略合作伙伴关系。

在供应链战略合作伙伴关系环境下，制造商选择供应商不再只考虑价格，而是更注重选择在优质服务、技术革新、产品设计等方面与自身形成互补的供应商。也就是说，建立战略合作伙伴关系就意味着新产品技术的共同开发、数据和信息的交换、研究和开发的共同投资等。供应链战略合作伙伴关系形成的动因通常是：降低供应链总成本，降低库存水平，增强信息共享水平，改善相互之间的交流，保持相互之间操作的一贯性，产生更强的竞争优势，以及改善和提高质量、产量、用户满意度和业绩等。

供应链管理就是在满足市场需要的同时，为了使系统成本最小而将供应商、生产商、分销商、仓库和商店等有效地结合成一体来销售商品，做到把正确数量的正确商品在正确的时间配送到正确的地点，追求效率和整个系统的费用有效性，以实现供应链上的企业群体的利益最大化。所以，供应商、生产商和零售商之间的战略合作伙伴关系显得格外重要。这种战略合作伙伴关系被誉为整个供应链的减震器和振荡器。它能减少环境变化对供应链的波动，同时，它的波动又将直接影响企业的生存与发展，以及供应链长期绩效。建立战略合作伙伴关系是现代供应链战略管理的重点，也是集成化现代供应链管理的核心。

6.2.2 现代供应链战略合作伙伴关系特点

余秋雨所著的《君子之道》中谈到常谊、甘谊和至谊，这对供应链战略合作伙伴关系的定位有所启发。

常谊——招之即来、挥之即去的普通业务关系

甘谊——劝善规过的合作伙伴关系

至谊——同甘共苦、共同成长的战略合作伙伴关系

现代供应链战略合作伙伴关系特点如下。

1. 更持久的合作效果

根据斯特沃特和沃里夫等的理论，供应链企业间的战略合作伙伴关系会产生几方面的良好合作效果：良好的交货情况、较大的柔性及快速反应性、较小的物流成本、优越的资产管理。这些良好的合作效果在合作双方利益共享、风险分担的前提下，能达到双赢的目的，合作效果因而能够更长久。

2. 更好的协调性

战略合作伙伴关系是企业间全方位、深层次的合作。首先，合作双方在战略层次上高度一致；其次，合作双方在战术层次上可以进行整合；最后，合作双方在操作层面上能够跨企业实现横向信息交流。

3. 更广的合作范围

在合作范围方面，供应链企业间不仅仅在物流以及随之而来的资金流方面相互融合，而且在信息流上高度集成。这些信息不仅包括操作层的物流、资金流，而且包括战术层与战略层的决策信息。因此，企业间的战略合作伙伴关系在交货、柔性、成本、资产管理等方面具有更高的优越性。

4. 更高层次的整合

与以往的企业间合作关系相比，供应链企业间的战略合作伙伴关系能够实现更高层次的整合，不仅表现在操作层（如传统的企业关系）和战术层（如纯粹的物流关系），而且表现在战略层次。供应链企业有共同的战略目标与战略计划，同步进行战略管理。

5. 更高的相互信任程度

良好的供应链企业间的合作关系以企业间高度的相互信任为基础。战略合作伙伴

关系一般是企业间多次合作的结果，合作时间长，彼此能够深层次地相互了解，并通过共同投资达到相互融合，因此展现出彼此之间的高度信任。

6.2.3 现代供应链战略合作伙伴关系影响因素

战略合作伙伴关系的建立必须满足整合、合作、协调和信任等高层次的要求，而要满足这些要求，供应链中居于核心地位的核心企业无疑起着主导的作用。因为战略合作伙伴关系就是由核心企业为了更好地调控合作，在供应链运作过程中，通过各种方式积极协调而逐步构建的。如果不是由核心企业来主导这个过程，而是由所有合作伙伴自行培养和建立战略合作伙伴关系，那将会造成许多不必要的交易成本支出，并且成功的概率也非常小。经济发展中的实例几乎无一例外地验证了这一结论：核心企业将是建立战略合作伙伴关系的主导和决定性因素。同时，实践也表明，供应链运作的好坏以及整个供应链竞争力的大小，在很大程度上取决于供应链上的核心企业的影响力大小。

供应链战略合作伙伴关系的具体影响因素包括：合作因素；供应商自身因素；客户自身因素；提高竞争力因素，见图 6-5。

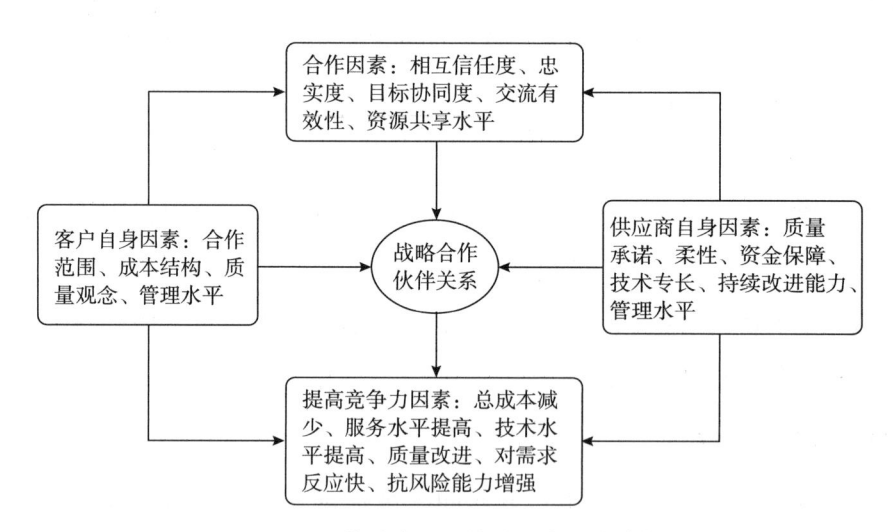

图 6-5 战略合作伙伴关系的影响因素

另外，相对于供应链战略合作伙伴关系，存在着供应链一般合作伙伴关系。供应链一般合作伙伴关系是企业各取所需，根据暂时的合作需要而建立的企业合作关系。企业的选择余地较大，或者是选择其他企业进行合作的转移成本较低，给予双方更大的谈判空间。这导致合作关系对双方约束力不强，双方建立长久战略合作伙伴关系的必要性和意愿较低。另外，因为可以减少整合成本和管理成本，在供应链的非关键环节或领域，供应链企业倾向于选择建立一般的合作伙伴关系。

6.3 现代供应商关系管理策略

供应商关系管理（Supplier Relationship Management，SRM）是一种致力于帮助企业与供应商建立和维持长久、紧密合作伙伴关系的管理思想和软件技术的解决方案。它是旨在改善企业与供应商之间关系的新型管理机制，实施于与企业采购业务相关的领域。企业的目标是通过与供应商建立长期、紧密的业务关系，通过对双方资源和竞争优势的整合，与供应商共同开拓市场，扩大市场需求和份额，降低产品前期的高额成本，实现双赢。同时，供应商关系管理又是以多种信息技术为支持的一套先进的管理软件和技术。供应商关系管理将先进的电子商务、数据库、协同技术等信息技术紧密集成，为企业产品的策略性设计、资源的策略性获取、合作的有效洽谈、产品内容的统一管理等过程提供了优化的解决方案。

供应商关系管理主要由供应商关系管理策略解决方案和供应商关系管理协同中枢组成。其中，供应商关系管理策略解决方案主要由策略性设计、策略性货源组织、协商谈判以及购买组成；供应商关系管理协同中枢则由设计、采购、制造协同、供应协同和产品内容管理组成。这里主要就供应商关系管理策略解决方案的主要内容进行阐述。

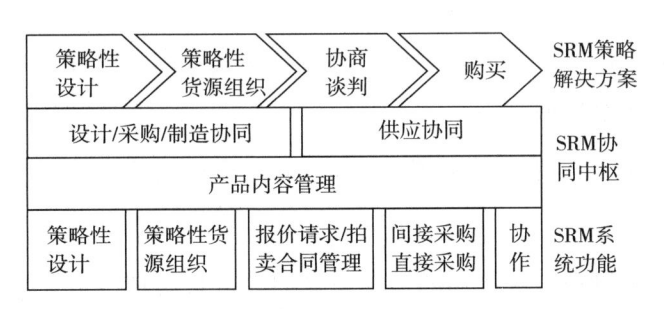

图 6-6 供应商关系管理结构图

6.3.1 策略性设计

1. 产品设计导致成本过高的原因

①在设计过程中设计人员只考虑产品的性能、质量等因素，而忽略了产品物料、

零部件的成本因素，常常做出不受约束的货源组织决策，导致在产品生命周期的早期就锁定了高额的产品成本。

②产品个性化和市场动态性的趋势需要越来越多的工程更改。

③如果将资格认证的成本考虑在内，则增加新的零件、新的供应商或技术的成本非常高，从而增加了不能完成批量生产计划的风险。

④在计划的周期内选择注定要过时的部件，会导致以后经常需要进行计划外的重新设计，这也会导致设计人员无法集中精力开发新的产品。

针对上述问题，策略性设计的解决方案支持设计创建过程，确保设计方案在送达制造部门之前，已针对货源组织和供应链的约束条件进行了优化。这些功能不仅实现工程更改流程的自动化，还使得设计人员能够在产品设计定稿之前认识到供应链内的约束条件，从而减少过程更改。这种优化加快了产品进入市场的速度，同时又能减少生产中的停工时间。

2. 策略性设计解决方案的主要组件和功能

①物料清单（Bill of Material，BOM）管理。针对成本、供应、生命周期和其他的业务约束条件，通过物料清单对产品内容和结构进行分析和衡量。

②首选项管理。它是一个动态引擎，可用来衡量货源组织和供应链的约束条件，直到设计人员选择了已针对供应情况进行了优化的部件、物料和供应商。

③目标成本计算。用于在新产品设计和开发的过程中，对物料、装配件和制造成本进行分析，确保其符合既定的成本目标。

④产品推介计划。它对市场营销等活动进行综合计划，管理新产品的推介，目的是取得最高的产品生命周期利润。

⑤重复使用管理。它用于促进首选的零件和供应商的重复使用，以最大程度地提高利用率，降低风险。

⑥产品生命周期管理。对产品的整个生命周期进行管理，其管理特点是以活动为单位，以过程为核心，综合考虑企业资源、产品数据、相互协作等因素。

⑦设计的管理与优化和物料清单优化。在完成对产品生产过程分析的基础上，针对产品生产过程的瓶颈进行过程优化与重组，调整旧过程，建立新过程。

策略性设计为企业带来的效益主要有：降低产品成本；提高产品利润；缩短批量生产时间；降低产品风险；对设计进行优化；减少零件和供应商的扩散。

6.3.2 策略性货源组织

策略性货源组织可以为企业提供资源以获取开展业务所需要的知识和信息。一方面，它针对每一商品和供应商确定最佳的货源组织策略，降低供应风险和成本，并能取得持续性的收益；另一方面，它通过协调企业内所有的采购活动，保留较少量、经严格管理的供应商合作伙伴，取得更佳的利用率，赢得更有利的价格和货源组织条款。策略性货源组织的主要构成和功能如下。

①供应商管理。帮助企业寻找和开发最好的供应商，使企业与供应商建立战略合作伙伴关系，并不断改善这种关系；能够对照新的、备选的供应源，定期对现有供应商的表现进行监控和检查。

②产品管理。提供一个综合性的、全球范围的供给/需求信息的视图，可以使企业获得更多的商机，减少采购零件和供应商的数量；它还可以对全球范围的费用支出、制造商费用支出等进行分析，完成对成本节约的评估和对采购价格变化的分析等任务。

③投标优化。根据报价请求单和拍卖规则做出出价反应，提供多样性的决策优化方案，使采购专业人员对供应商和投标做出最佳判断。

④合同分析。针对不同的 ERP 系统或同一 ERP 系统的多个实例，通过对照合同条款，监控和分析历史开支与计划开支。

⑤外包风险管理。综合了外包物料单的开支和预计的需求，评估供应商表现和可选供应商选项，提供主动降低风险的策略。

策略性货源组织为企业带来的主要效益有：持续源头管理；降低供应风险；改善供应保障；降低产品固有成本；优化供应商分配以及供应商和部件的数量。

6.3.3 协商谈判

协商谈判解决方案不仅是一个报价请求和拍卖工具，而且能帮助采购部门以最佳的条款进行谈判。它除了支持多种类型的报价请求工作流程之外，还通过实现报价过程的自动化，及自动提供后端的报价分析功能，取得最佳的供应基础。它的主要组件和功能如下。

（1）报价请求

典型的手工报价请求过程冗长乏味，消耗大量的时间和资源。报价请求的功能在于就备选的成本缩减建议进行多轮出价报价请求项目管理和出价报价请求等的分析，与供应商进行协作。

(2) 投标分析

投标分析可以针对客户定义的多个属性，对报价请求和拍卖回应进行衡量与比较，以便更有效地判断出获胜方。

(3) 拍卖

对直接和间接物料商品，它可以通过设置拍卖过程进行谈判，并迅速执行拍卖过程，产生一个动态环境进行定价。

(4) 合同管理

它能够将报价请求条款便捷地转换为合同条款，并且可查找现有的合同，以复制条款和条件。

6.3.4 购买

购买解决方案致力于简化所有直接和间接物料的购买过程，它能快速有效地完成采购任务，减少人力干预，降低人员成本，使得专业采购人员能够将精力集中在战略性货源组织和商品管理上，为组织机构带来可量化的优势。它的主要组件和功能如下。

(1) 直接物料订单管理

它通过高级计划与编程系统的输出功能自动创建直接物料的采购订单，与产品内容管理中的合同存储库集成，是一种确保采购订单符合商品策略，并实现"无人值守"的事务管理过程。

(2) 重要的MRO（保养、维修和运行）管理

它包括货物、设备管理所需复杂服务的采购过程。它与产品目录管理集成，使买方方便地浏览供应商的情况，从有资格的供应商处采购。

(3) 员工请购

它可以产生直观的请购审批工作流程，使员工便捷地创建请购单、获取批准并购买MRO产品。

(4) 订单协作

它能发出（或上传）采购订单，就交货计划进行协作，接收和确认提前装运通知，接收货物，处理付款事务，并可与其他内部系统相协调。

(5) 目录管理

它能够支持库存项目，并可以呈现整个企业的 MRO 零件的库存可用件情况。

购买解决方案为企业带来的主要效益有：支持集中管理、本地执行采购的方式，提高策略性采购活动的成功率；通过业务规则驱动的、自动实施的 POS 创建过程，降低了直接物料的成本，确保符合合同，并准确地执行采购策略；基于互联网信息的购买功能降低了事务处理成本，提高了采购效率；快速确定库存的可得性。

6.4 现代供应链客户关系策略

6.4.1 客户关系管理的含义与意义

近年来，客户关系管理被不断提升到重要位置。客户关系管理（Customer Relationship Management，CRM）是指围绕客户生命周期的发生和发展，针对不同价值的客户实施以让客户满意为目标的营销策略，通过企业级协同，有效地发现和留住客户，从而达到提高销售，实现企业利润最大化的目的。

客户关系管理对整条供应链的生存尤为重要。见图 6-7，企业管理的传统观点往往强调专注于企业资源的内部利用，ERP 系统实现了内部商业流程的自动化，提高了生产效率。而传统观点对于企业管理的上游往往重视不够，哪种产品最受欢迎，原因是什么，有多少回头客，哪些客户是最优质的，售后服务有哪些问题……面对诸如此类的问题，大部分企业还只能依靠经验来推测。客户关系管理为企业提供了一个收集、分析和利用各种客户信息的系统，帮助企业充分利用其客户资源，也为企业在电子商务时代从容自如地面对客户提供了科学手段和方法。

客户关系管理不仅能使企业实现销售自动化，而且能使企业充分利用客户信息来优化企业决策过程。客户关系管理使企业逐步从传统的营销和服务模式，进化到以互联网为中心的模式来扩大市场领域、改进客户服务以及增强产品和服务的个性化。

客户关系管理的研究与应用，对于计算机集成制造系统的进一步发展，加强企业竞争能力，提高企业运作效率，增加经济效益有重大意义。供应链企业客户关系管理的意义通常体现在如下几个方面。

①获得客户的成本更低。企业节省了市场营销、邮寄宣传品、追踪调查等方面的开支。

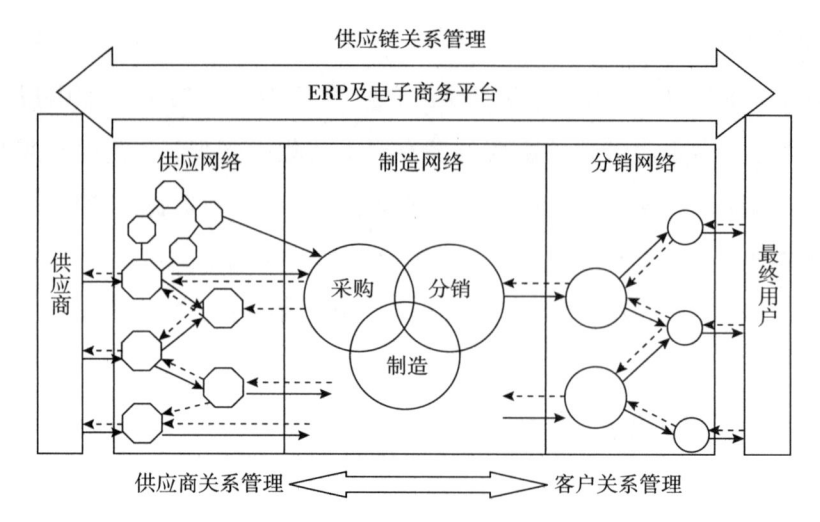

图 6-7 供应链关系管理示意图

②不必拥有过多的客户，同样能够保持稳定的业务量。

③减少销售成本。通常，现有的客户对企业渠道和分销商的更多了解，能增强客户对企业销售活动的反应。客户关系管理还能减少促销活动的成本，并使营销和客户沟通的效率更高。

④更高的客户创利能力。如更多的后续销售，更多的来自满意客户的推荐，更有实力进行交叉销售或增量销售。

⑤提高客户的保留度和忠诚度。客户关系管理增加了销售机会和客户生命周期的商业价值。

⑥评估客户的创利能力。了解哪些客户是真正的创利客户，哪些客户可以通过交叉销售或增量销售改变其低利或无利的状态，哪些客户永远无利可图，哪些客户需要用外部渠道管理，以及哪些客户可以驱动企业未来的业务。

6.4.2 现代供应链客户关系管理实施影响因素

供应链企业在实施客户关系管理的过程中会面临着各种影响因素，影响企业发展客户关系的因素大体如下。

1. 市场营销费用

当一家公司在整顿预算流程时，运营成本的有限性一定程度上会影响发展客户关系的资金投入，从而影响客户关系的有效管理。

2. 营销活动

许多公司经常生存在各种活动费用的阴影中，一些营销活动是否能增加公司的客户呢？只要认真地评估一下，就会知道很多这类营销活动的效果很差。因为这种大规模的营销活动总是以一种面孔面对所有客户，没有多少个性化的色彩。另外，在营销活动的开展过程中，会产生种种浪费现象。例如，用客户的老地址联系客户或没有目标地投寄公司的宣传品，这样必然导致客户回复减少和浪费现象。

3. 沟通渠道与时间

公司通过许多渠道与客户交流，例如电话服务中心、互联网、线下渠道等。但是，公司通常没有时间或只有很少的时间整合这些渠道为客户提供服务。互联网是与客户沟通最好的渠道，但许多公司还没有充分利用网络为客户提供实时的服务。

4. 客户的期望

无论经济如何低迷，客户总是希望公司能找到他们，追求他们，认识他们，记住他们以往与公司的交流、以往为公司提供的价值等，但同时又不希望公司经常打扰他们。

5. CRM 应用软件

企业不要轻易通过广告或软件公司提供的宣传资料就选择一个应用软件。市场上各式各样的软件很多，公司在选择软件时一定要谨慎，因为一些应用软件往往缺少关键的元素，如正确的客户数据处理等。不慎的投资要消耗公司许多的资金。

6.4.3 现代供应链客户关系管理实施方法

企业成功实施客户关系管理可以采用以下方法。

1. 改进营销目标

将营销的目标集中在一些有资格的团体客户上，这将更有前景，而且营销费用也低。这种战略增加了有效性，因为人们对企业所提供的信息和企业所销售的产品更感兴趣。企业在锁定目标和操作的过程中，要慢慢地排除那些对本企业产品不感兴趣的人。例如，在利用电子邮件进行营销的过程中，企业可以利用一些应用软件，将那些对企业产品反应不佳或没有反应的客户的邮件地址从邮件列表中删除，最后留下来的就是客户或潜在客户。

2. 进行交叉销售

企业应该与现在的客户保持沟通，使他们了解本企业所提供的全部产品和服务，从而获得交叉销售的机会。如果客户在购买企业的某一产品或服务时，又购买了相关的产品或服务，这就增加了企业的销售量。另外，提供折扣也是一种使客户使用企业的产品或服务的好方法，这样可以建立起客户对企业产品的依赖性，有助于保持长期的客户关系。

3. 塑造统一的企业形象

客户并不会关心他们所购买的产品是企业的哪一个分支机构所产，所以企业要向客户提供统一的企业形象，提供完整的企业信息，使客户能够方便地找到企业。

4. 整合所有与客户接触的数据

客户数据整合是客户关系管理中一个相当新的门类，它是获得客户和保持客户的关键元素。它使企业对每一个客户都能全面了解，能及时删除有关客户的旧数据，保持有关客户的最新数据，并能使企业便捷地与自己的客户联系。许多客户关系管理应用软件也都有这些功能，企业可以用这些软件处理客户数据，真正全面了解客户，形成真正的客户关系。

5. 有效分析缺失数据

一旦企业开始了数据整合流程，就要有足够的数据去了解客户的需求，但是现实中往往会出现客户数据的盲点。这要求企业要花时间分析数据，描述出缺少的数据。这就能引导企业寻找专业的资源，通过创立一个富有特性的模型，利用统计学方法和其他的预测技术，破除数据盲点，最大程度地理解客户。

6. 完善数据

企业掌握了自己缺少的客户数据后，就应该及时进行补充。可以通过电话、电子邮件等渠道获取客户新的数据。企业有了完整的客户数据就会明白市场上发生了什么。投入极少的资金就可以补充客户数据，会给企业带来更大的效益。

7. 分析客户数据，鉴别最有价值的客户与关联方

在所有的客户数据中，企业要找出最有价值的客户，并且了解这些客户的特点，这样当企业寻找新客户时，就能利用这些特点找到新的有价值的客户。企业可以建立一个有价值客户的数据元素表，描述形成价值的元素，这样就能根据这些描述找到新

的有价值的客户。总而言之，要不断增加有价值的客户的数量，减少小价值或无价值的客户的数量。

在当今的经济环境下，企业需要费时间寻找客户并进行客户关系管理，这是企业之本。利用好客户数据，企业将节约许多的资金和时间。一家明智的公司要懂得这个基本原则，并按这个原则行事。这样的公司必然能提高效率，留住老客户，获得新客户，使供应链下游通畅。

6.5 现代供应链应急关系

突发事件对于供应链来说，不仅仅会造成原材料供应的暂时中断，还可能造成需求的巨大波动。在竞争激烈的市场环境下，不确定性随时随地存在，使供应链决策面临巨大的挑战。

6.5.1 不确定性及其原因

所谓不确定性，就是指引入时间因素后，事物的特征和状态不能被充分地、准确地观察、预测。物资经众多的生产流通企业到用户，产生商流、物流、信息流，涉及运输、储存、装卸、搬运、包装、流通加工、配送、信息处理等诸多过程，其中任意一个环节出现问题都会造成供应链的风险，影响供应链正常运作。

供应链的运作过程中存在着许多的不确定因素和影响因素：

①系统环境发生变化，如恶劣天气、自然灾害、恐怖袭击等；

②一些不可控制的事件，如停水停电、交通事故、工人罢工等；

③系统参数发生变化，如原材料或产品市场价格改变、货物配送时间变化等；

④资源的可利用性的变化，如工人生病、机器突然发生故障、供应短缺等；

⑤一些新的外部制约因素，如新的合约、政府的新政策、产品的召回维修等；

⑥系统性能的不确定性，如不可靠的预测评估、人的因素等；

⑦新的因素，如新订单、发生变化的客户需求等。

无论引起这些变化的原因是什么，这些变化统称为扰动。要想及时发现这些扰动，就必须建立完备的实时检测系统。在实际应用中，实时决策支持系统通过用户界面对计划的运行过程进行实时监控，用户时刻注意系统中的各种因素，发现系统中存在的和潜在的问题。

6.5.2 规避现代供应链运行风险

为了使供应链上的企业都能从合作中获得满意结果，必须采取一定的措施来规避供应链在运行过程中的风险，如提高信息透明度和共享性、优化合同模式、建立监督控制机制等，尤其是必须在企业合作的各个阶段采用激励机制，并通过各种手段实施激励，以使供应链上各企业之间的合作更加有效。

1. 建立战略合作伙伴关系

供应链上各企业要实现预期的战略目标，就必须进行合作，形成利润共享、风险共担的局面，加强信息交流与共享，建立合作机制。供应链管理者要加强对供应链中企业的激励，确保合作真正使企业获得更多的利益，来吸引供应链上各企业开展合作。

2. 弹性的合约设计

在供应链上各企业合作过程中，弹性的合约设计，可以部分消除外界环境不确定性影响。弹性的合约设计着重考虑以下因素。

①决策变量：生产计划；存储补货策略；配送渠道；路线和时间表；处理顺序；零售商选择等。

②数据参数：机器处理时间；工人日工作时间和最大加班时间；允诺的发货日期；存储能力；运输速度等。

③约束条件：满足需求；仓储能力限制；发货的最后期限；发货车辆的可利用性等。

④原计划目标函数：最大化总的利润；最小化总的成本。

3. 风险日常管理

建立有效的风险防范体系，关注各扰动因素的变化及影响，当一项以上的指标偏离正常水平并超过临界值，发出预警信号，其可能的扰动大致有以下几种。

①系统环境的变化，如送货路线或交通状况变化等。

②不可控制事件，如停电、罢工等。

③系统参数变化，如生产和存储能力变化、市场需求变化等。

④资源的可利用性变化，如装配线或机器故障等。

⑤新的外部制约，如政府规章、公司契约等。

⑥系统性能的不确定性，如不同设备完成不同订单的时间。

⑦新的因素，如新的客户订单等。

4. 建立应急处理机制

在预警系统发出警告后，应急系统及时对紧急突发的事件进行应急处理。

6.6 案例：双区联动的西坝战略合作伙伴关系[①]

在本案例中，双区联动在多式联运港口物流与临港制造业集群供应链创新的同时，强调双区之间的战略协同联动、体制机制联动共试与产业发展联动共建，强化专长基础上的产业集群供应链创新。双区联动着重于实现生命健康产业集群供应链、集成电路产业集群供应链创新，致力于构建从战略目标到产业发展的协同关系。

西坝港枢纽经济区与中国（江苏）自由贸易试验区南京片区（以下简称南京自贸片区）的业务关联度非常低，远远达不到地区一体化发展的基本要求，西坝港枢纽经济区的潜力远远没有发挥出来，亟待双区联动的集群供应链创新。双区联动的关键是构建从战略目标到产业发展的协同关系，即西坝港枢纽经济区发挥其交通、仓储的强大功能，南京自贸片区发挥其国际贸易的政策优势，共同促进国际贸易的发展。主要包括：战略规划联动共赢（一张蓝图，协同共赢）；体制机制联动共试（视同自贸，优先联动）；产业发展联动共建；联动建链，协同共生；双区联动政务系统共享；专长分工，协同优先。

同时，西坝港枢纽经济区以泛西坝区理念，积极主动地寻求与南京自贸片区联动发展之路，通过枢纽经济区自身功能的强化与竞争能力的提高，增强汲取并运用自贸试验区改革试点经验的能力等；强化为南京自贸片区提供现代供应链服务的意识与能力，打造以双区联动为重要特征的先进制造业集群，在此基础上不断增强对长三角一体化与"一带一路"倡议的适应性与拓展力；加强与南京自贸片区在共谋（联动规划、设计）、共申（如协同申请保税区）、共建（如供应链融资平台建设）与共享（双区叠加的最大红利）等方面的联动合作，不断强化以"四共"为重要特征的双区联动及供应链整合；强化与南京自贸片区改革及经验复制的协同合作，尤其是将政府职能转变、投资管理、贸易便利化、金融创新与开放、综合监管等领域的制度创新成果进行复制推广；强化以资源禀赋充分利用为重要特征的西坝港枢纽经济区功能完善；强化以协同招商引资为重要趋向的产业集聚；坚持双区叠加与产业联动的一体化融合发展等。

---

① 本部分内容根据吴志华有关调研与课题成果等整理而成。

复习思考题

1. 简述不同供应链模式下供应链核心企业的运作。
2. 论述供应链非核心企业怎样向核心企业转化。
3. 简述现代供应链战略合作伙伴关系及其运用。

第 7 章　现代供应链流程创新与管理

7.1　现代供应链流程创新与管理概述

现代供应链是一种越来越重要的竞争战略，而要实现战略制胜，就必须要有策略内容、运作流程与保障措施。

7.1.1　流程管理作用于供应链创新的价值

创新是在新的体系里引入新的组合，是生产函数的变动。创新包括以下五方面的内容。

①引入一种新产品或提供一种产品的新质量（产品创新）。

②采用一种新的生产方法（工艺创新）。

③开辟一个新市场（市场创新）。

④获得一种原材料或制成品的新供应来源（资源开发利用创新）。

⑤实行一种新的组织模式，如建立一种垄断地位或打破一种垄断地位（体制和管理创新）。

由于供应链管理与其他职能管理的区别就在于它是对供应链流程的管理，故这里讲的现代供应链创新就是这样的一种组织模式创新：以满足最终消费者需求为重要取向的现代供应链流程创新。

现代供应链创新路径有三种：一是从推式开始，转变为客户拉动的 C2M，并努力在此基础上演变为基于 C2M，同时为第三方企业（小 B）提供服务（S）的 S2B 平台生态圈供应链，如海尔的供应链创新；二是从与客户互动的前端开始，深入后端生产，最终演变为 O2O 的平台生态圈，为第三方企业（小 B）提供服务（S）的 S2B 平台生态圈供应链，如小米的供应链创新；三是从供应链某环节服务商开始，整合其他供应链各环节形成一站式服务，最终演变成同时为客户和第三方企业（小 B）服务（S）的 S2B 平台生态圈供应链，如怡亚通的供应链创新。

现代供应链创新促进了客户需求的多样化发展，但企业的加急订单量、特殊需求订单量占整体订单量的比例增加，毫无疑问会给供应链的内部实现部门，如物流部门、仓储部门等带来压力，为此，流程整合越来越重要。但整合需要专业人才，整合需要时间和费用，整合需要新旧磨合。因此，让有效设计、人才引进与培训等支撑起供应链创新就显得异常迫切。无论是以哪种路径进行供应链创新，都必须掌握特定行业的供应链流程。进行以数字化与自动化为重要特征的现代供应链整合，必须通过平台架构的设计连接上下游及相关服务保障方，进行以共商、共建、共享为重要内容的数据积累与协同应用。

7.1.2 现代供应链流程体系的建立与完善

探讨现代供应链流程体系的建立与完善，是希望通过流程牵引，建立端到端的供应链流程，并把它细化至可具体操作的流程手册。手册中包括了所有参与流程运作的岗位、需要操作的节点与操作办法、涉及的表单与数据、风险防范，以及各要素相互间的逻辑关系与绩效评价等，并在此基础上形成不断增强的供应链运作能力与知识积累能力，促进现代供应链创新与流程细化、优化的良性循环。

建立现代供应链流程操作和运作中易于落实的机制至关重要，主要原因是，个人智慧无法胜过整个链条上所有参与者的集体智慧。为此，有关管理部门需要努力寻找链条上各环节的优秀做法，形成内部的最佳实践及推广能力。

现代供应链流程管理需要战略与策略层面的改变。现代供应链流程管理的突出特点，在于从 C2M 模式转变为 S2B 模式，对供应链流程落实带来的影响是广泛而长远的。流程本身的运作可以逐层调整，不同的目标与实现路径选择，使具体层面的优化与改进的方向各不相同。这不仅是一个环节或点上的细节优化，还包括影响深远、广泛的供应链战略与策略层面上的协同改变，且唯有这样才能收到整体的改良效果。另外，我们需要借助 SCOR 等标准模式提高效率与水平。

7.1.3 以流程创新与管理为业务赋能

赋能即赋能授权，就是给谁赋予某种能力和能量。通俗讲就是你本身不能，但我使你能。赋能理论广泛应用于商业和管理学，其内涵是企业由上而下地释放权力，最大程度地发挥个人才智和潜能。赋能对个体而言更多的是一种释放和体验。激励侧重于控制和约束，而赋能则相当于在信息时代对激励的升级和优化。

现代供应链流程创新与管理可以轻松替代原先基于手册、电子表格的传统流程，提高效率，省时省力；现代供应链流程创新与管理能使企业所有流程与供应链各环节成员的目标和发展相连接；现代供应链流程创新与管理能动态审查相关任务和流程，迅速发现并解决潜在的问题，及时停止流程中重复或冗余的活动。因此，我们可以通过现代供应链流程创新与管理实现业务持续赋能的目的。某些新兴消费品牌每年要上线几百个新品，如果按照传统抽样调研的方式做包装测试、口味测试、价格测试，每个单品要花几万块钱，要花 2~3 个月时间，时间和资金成本都很高。而采用 Qualtrics 这样的供应链在线调研平台，每个单品花费的时间可以节省到 2~3 天，费用可以降低到 2000 元，从而可以支撑业务的高效运转。

7.2　SCOR 模型

SCOR 是第一个标准的供应链流程参考模型，是供应链的诊断工具，它涵盖了所有行业。SCOR 使企业间能够准确地交流供应链问题，客观地评测供应链性能，确定性能改进的目标，并影响今后供应链管理软件的开发。

SCOR 模型把业务流程重组、标杆比较和流程评测等著名的概念集成到一个跨功能的框架之中，是一个为供应链伙伴之间有效沟通而设计的流程参考模型，是一种帮助管理者聚焦管理问题的标准语言。作为行业标准，SCOR 帮助管理者关注企业内部供应链。SCOR 用于描述、量度、评价供应链配置：规范的 SCOR 流程定义实际上允许任何供应链配置、量度；规范的 SCOR 尺度能使供应链绩效结果和标杆比较；供应链配置可以被评估以支持连续的改进和战略计划编制。

SCOR 包括：所有与客户之间的相互往来，从订单输入到货款支付；所有产品（物料实体和服务）的传送，从供应商的供应商到客户的客户，包括设备、原材料、配件、大批产品、软件等；所有与市场之间的相互影响，从对累积总需求的理解到每项订单的完成。SCOR 不试图描述以下每一个商业流程或活动：销售和市场（需求的产生）；技术研究开发；产品开发；一些关于货物运送后技术支持的元素。SCOR 呈现但并不清楚定义培训、质量、信息技术管理、行政（非供应链管理）。

7.2.1 SCOR 模型框架

SCOR 为企业供应链管理提供了一个连接绩效评价、流程再造、最佳表现和执行者能力的标准框架,发展至今已成为全球通用的供应链管理语言。它通过绩效测量和最佳表现的对比,将目前流程状态的"as-is"进化为"to-be",也就是设计出未来流程状态。同时,作为一个供应链诊断工具,SCOR 的目的在于持续解决供应链的五大挑战:卓越的客户服务(Superior Customer Service)、成本控制(Cost Control)、计划和风险管理(Planning and Risk Management)、供应商管理(Supplier Management)、管理者技能(Talent)。

SCOR 模型主要由四个部分组成:供应链管理流程的一般定义、对应于流程性能的指标基准、供应链"最佳实施"的描述以及选择供应链软件产品的信息。SCOR 模型涉及的范围见图 7-1。

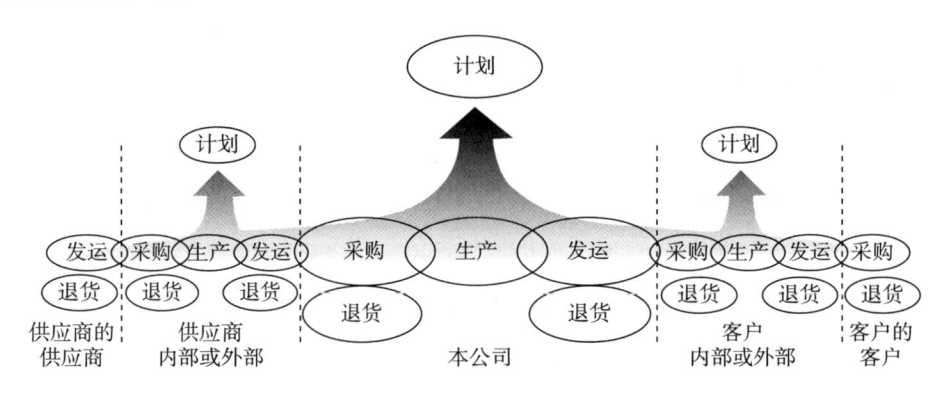

图 7-1 SCOR 模型涉及的范围

SCOR 模型被分为三个层次。总体来说,SCOR 模型是一个大而整的理念模型,帮助企业的管理者在供应链整体环境中迅速找到供应链自身存在的问题并对供应链进行改进,从而将供应链的业务流重组、流程绩效、杠杆设定等理念整合于一个跨功能框架中。

SCOR 模型的第一层是流程定义层。SCOR 将供应链分解为 5 个流程:计划、采购、制造、配送和退货。这 5 个流程给出了供应链运营参考模型的范围和内容,建立起企业竞争性业绩目标,并贯串供应链的整个过程。本书就这 5 个流程及各流程间的关系进行以下解释说明。

①计划主要是通过平衡需求、供应以及制订方案的方式为模型中的其余 4 个流程提供合理分配需求和技术供应的服务。具体包括:统筹和协调战略发展目标和财务计

划之间的关系，统筹分配产品资源，协调供需关系以及管理整个供应链运作过程中的各项资料。

②采购是指按计划或需求获取服务、产成品和原材料的过程。具体包括：寻求企业可以长期合作的供应商，对生产流程和业务制度所涉及的流程进行管理，对商品配送过程中遇到的付款和退款、退货等要求进行处理等。

③制造是按库存和订单要求进行生产的工作。具体包括：按照业务制度和相关制度及行业规范的生产标准等进行生产过程的安排，对产品的原材料发放和产成品的品质进行检查，检验产品包装等。

④配送是指按用户要求，在配送中心或其他物流节点进行货物配备，并以最合理方式送交用户。具体流程包括运输方式安排、配送渠道的确定、配送存货管理、配送品质的掌握等。

⑤退货是指销售商将产成品退还给制造商或是制造商将原材料退还给供应商的过程。退货作为供应链运作流程中的最后一个环节，具体涉及退货记录、企业协商及产品运输等。

SCOR 模型的第二层是配置层。配置层定义计划和执行策略使用标准的配置类别，即定义五大流程下属的执行配置层。SCOR 提供了 24 个核心配置流程，不仅包含了前述的五大流程，还包括使能（Enable）流程，即使得各个流程功能得以实现的活动。目前，SCOR 定义了九种支持元素，包括：E1 规章建立和管理、E2 业绩评估、E3 信息系统与数据管理、E4 库存管理、E5 资产管理、E6 运输管理、E7 供应链网络管理、E8 遵守法规管理、E9 特殊元素。每一个大流程的使能流程都由这九种支持元素构成，如 ES.1 表示支持计划中的规章建立与管理。这其中，特殊元素是根据企业自身经营特色自主定义的。这些支持元素虽不在业务流程中对货物流、信息流、财务流起作用，但作为企业流程管理职能实施的体现，是业务流程顺利进行的保障。

各企业可以根据订单状况从这些核心过程中选择自己需要的流程来配置公司的供应链，实施其运营策略。例如，计划层面包括供应需求、能力和资源规划、产品线管理、业务规划及库存管理等；采购层面包括寻找供应商、收取原材料、采购生产设备、采购商品的规范管理；生产层面包含生产状况的掌握、现场设备的管理、工程进度的监督，以及在产品的运输等；配送层面涉及产品和订单的管理、产品装车和运输管理、运输工具和路线的选择等；退货层面主要涉及与合作企业的交涉和实际的原材料和产品的退回。图7-2描述了SCOR模型中的第二层。

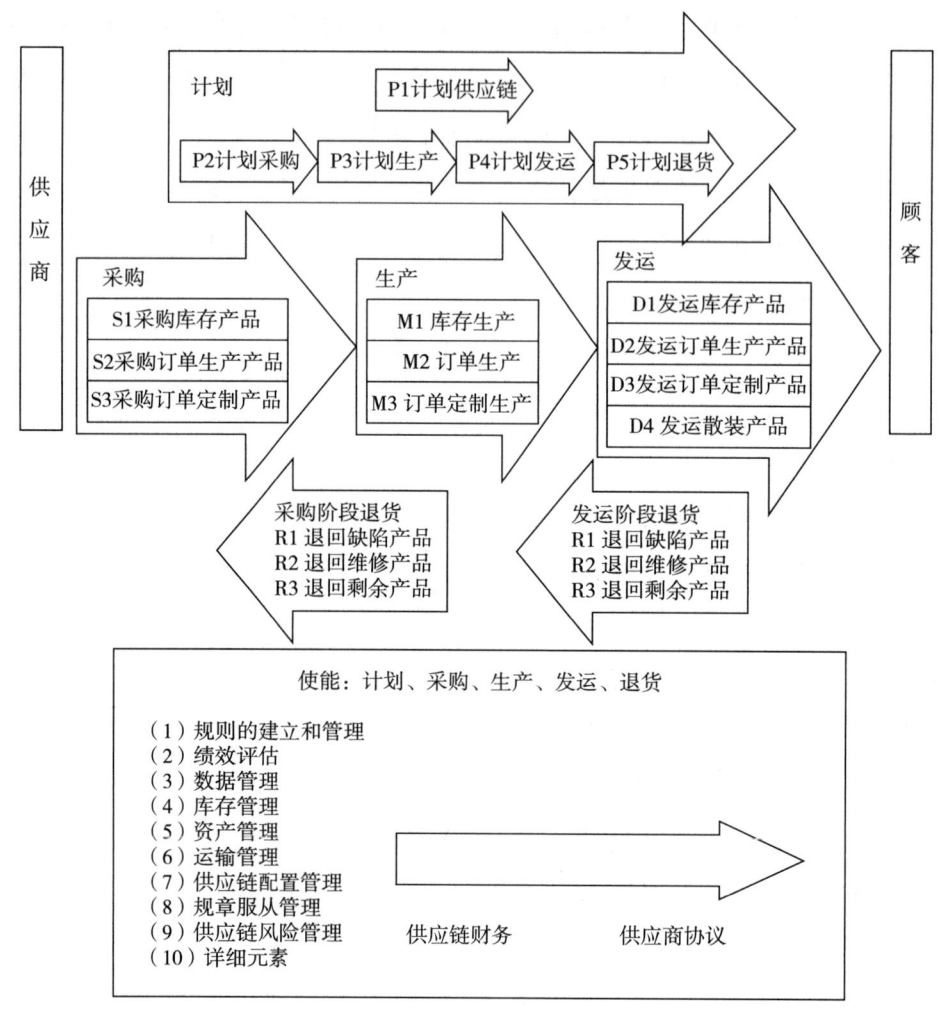

图7-2 SCOR模型的第二层流程

SCOR模型的第三层是流程分解层，定义对配置执行层进行处理的业务流程和系统功能，也就是将执行层各项功能继续细化，分散至各个子流程中。除了5个使能流程外的21个核心流程中，每个配置流程层都包含若干存在逻辑关系的流程元素，通过定义每个流程元素的输入与输出信息，可将全流程业务完全展现。

以库存产品采购为例，从表7-1可以看出，该流程可以细分为S1.1交货安排、S1.2接收货物、S1.3检验货物、S1.4传送货物和S1.5付款等5个子流程。具体流程见图7-3。

表7-1 采购流程元素

采购（Source）		使能—采购（Enable—Source）
S1 采购 库存产品	S1.1 交货安排	ES.1 采购规则管理 ES.2 评估供应商绩效 ES.3 保留采购数据 ES.4 产品库存管理 ES.5 资本资产管理
	S1.2 接收货物	
	S1.3 检验货物	
	S1.4 传送货物	
	S1.5 付款	
S2 采购 订单生产产品	S2.1 交货安排	
	S2.2 接收货物	
	S2.3 检验货物	
	S2.4 传送货物	
	S2.5 付款	
S3 采购 订单定制产品	S3.1 确定供应源	ES.6 引进产品管理 ES.7 供应商网络管理 ES.8 进口/出口需求管理 ES.9 供应链采购风险管理 ES.10 供应商协议管理
	S3.2 选择最终供应商和谈判	
	S3.3 交货安排	
	S3.4 接收货物	
	S3.5 检验货物	
	S3.6 传送货物	
	S3.7 付款	

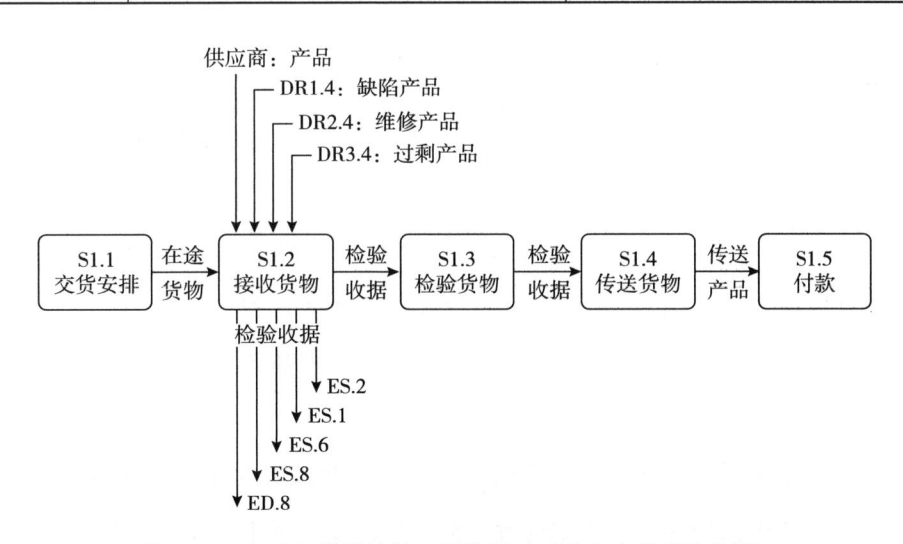

图7-3 SCOR模型的第三层流程（以库存产品采购为例）

SCOR模型的上面三个层次提供了供应链的分析、设计和实施的框架。SCOR模型的设计和维护用以支持各种复杂的跨行业的供应链，集中在流程的三个层面上，而不是试图去规定一个特定的组织如何去操作它的业务。第三层以下可能有第四层甚至更多层次，这些都是实施层，不属于 SCOR 模型的范畴。每家企业都根据企业自身的情况，具体定义第四层及以下各层的流程元素，以获取竞争优势并适应商业流程的变化，表现出特殊性和灵活性。

SCOR 模型是一个崭新的基于流程管理的工具，国外许多公司已经开始重视、研究和应用 SCOR。大多数公司都是从 SCOR 模型的第二层开始构建他们的供应链，此时常常会暴露出现有流程的低效或无效，因此，需要花时间对现有的供应链进行重组。典型的做法是减少供应商、工厂和配送中心的数量，有时公司也可以取消供应链中的一些环节。一旦供应链重组工作完成，就可以开始开展性能指标的评测和争取最佳业绩的工作。企业在运营中必须自始至终努力提高其供应链管理的效率。在提高其自身运作效率的同时，企业可以同供应商和客户一道发展被称为扩展企业（Extended enterprise）的一种供应链成员间的战略合作伙伴关系。

7.2.2 SCOR 模型绩效衡量指标

SCOR 模型将业务流程重组、标杆管理及最佳业务分析集成为多功能一体化的模型结构，为企业供应链管理提供了一个跨行业的普遍适用的共同标准。SCOR 模型按标准流程描述供应链时，把供应链分为定义层、配置层、流程元素层等几个层次，每一层的每一个过程都有明确定义的业绩表现衡量指标和最佳业务表现。SCOR 模型提供的供应链业绩评价方法，其客观性、完整性、科学性、可操作性受到全球众多企业的一致认同。

企业在确定绩效评价指标时，一定要充分了解供应链的目标和相关策略，将之与企业的战略目标相结合，才能够使运营与管理同步。SCOR 模型选取的指标，从周转时间、成本、服务/品质、资产利用等方面评估供应链管理绩效，设计了供应链管理绩效记分卡。

SCOR 模型提出了衡量和测评供应链绩效的五个维度：可靠性、响应能力、弹性、成本和资产。SCOR 模型在选择绩效评价指标时遵循以下基本原则：衡量指标必须与企业的业务指标相结合，必须有可重复操作性，必须能对如何改善供应链提出有效的见解，必须要与所分析的流程相符合。

表 7–2 供应链绩效评价指标体系

绩效指标	面向供应链成员企业外部客户			面向供应链成员企业内部	
	可靠性	响应能力	弹性	成本	资产
交货性能	√				
商品充足率	√				
订单履约率	√				
订单完成前置时间		√			
供应链响应时间			√		
生产弹性			√		
供应链管理成本				√	
销售商品成本				√	
保修成本或退回返修成本				√	
增值生产率				√	
资金周转时间					√
存货供应天数					√
资产回报					√

正如要用某一标准指标来描述某一物理特征（如长度、高度和宽度），供应链同样也需要用一些标准指标来描述。SCOR 模型的绩效衡量指标为：供应链的配送可靠性、供应链的反应能力、供应链的柔性、供应链的总成本和供应链资产管理。每一个指标都表明供应链的一个典型特征。表 7–3 对每一个指标的范畴做了说明，并列出其第一层衡量指标。通过第一层衡量指标的计算，企业可以衡量自己的组织运营是否达到了所设定的市场竞争目标。需要特别指出的是，与流程要素一样，评价指标也是分层次的。SCOR 模型共包括了大约 200 多个流程绩效衡量指标。表 7–3 所列的指标可以逐层分解，分解到每一项具体计划、执行流程和支持元素单元。第一层指标由下一层指标的汇总计算得来，那些低一层的指标通常与更低一层的流程元素相关。另外，衡量指标可以用来分析实际与计划的偏差，比如企业可以对"按客户要求时间配送"和"按原定或承诺日期配送"两者实际表现进行检验。

表7-3 供应链性能衡量指标

性能特征	性能特征定义	第一层衡量指标
供应链配送可靠性	在正确的时间,将正确的产品以正确的质量送达正确的地点,交给正确的客户的能力	配送性能
		订单完成率
		订单的完好履行率
供应链的反应能力	供应链将产品送达客户的速度	订单完成提前期
供应链的柔性	供应链面对市场变化获得和维持竞争优势的灵活性	供应链响应时间
		生产的柔性
供应链总成本	供应链运营所耗成本	产品销售成本
		供应链管理总成本
		增值生产率
		质量保证成本/退货处理成本
供应链的资产和利用率	组织为满足需求有效利用资本的能力	现金周转时间
		库存供应总天数
		净资产周转天数

第一层次衡量指标还可分为面向内部流程与面向客户两类,见图7-4。

面向内部流程:
供应链管理的总成本
产品销售成本
增值生产力
保修成本
现金周转时间
存货的供应天数
资产周转率

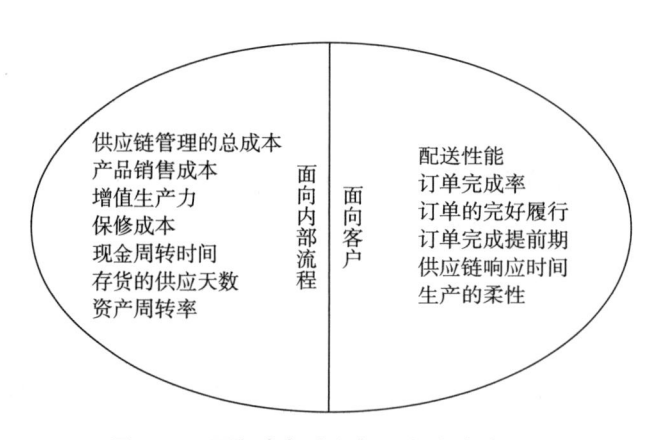

面向客户:
配送性能
订单完成率
订单的完好履行
订单完成提前期
供应链响应时间
生产的柔性

图7-4 面向内部流程与面向客户的指标

SCOR模型对性能指标给出了相应的计算公式,使每一指标都能以量化的形式清楚地表现出来。表7-4是第一层次指标的计算公式。

表7-4 SCOR模型定义的指标计算公式

衡量指标	计算公式
配送性能	准时足额发货的订单数量/全部订单总数

续表

衡量指标	计算公式
订单完成率	收到订单 24 小时内从仓库发货的订单数/收到订单的总数
订单的完好履行率	（准时足额发货的订单数量 – 文档资料有错误的订单数量 – 有运送损坏的订单数量）/订单总数
履行订单的提前期	所有订单运输的实际提前时间/运送订单的总数
供应链响应时间	订单履行提前期 + 原材料周转时间
生产柔性	向上的柔性——在无计划情况下增产 20% 所需要的天数；向下的柔性——在没有存货和损失的情况下能够承受 30 天的提前运送订单减少的百分比
供应链管理总成本	成本总数（MIS + 财务和计划 + 库存运转 + 材料采购 + 订单管理）/收入
商品销售费用	（开始库存 + 产品的生产成本 – 期末库存）/总收入
增值生产率	（总收入 – 总材料采购费）/总雇员数
担保费用	材料、人工和问题诊断工具的所有费用
库存的供应天数	库存总值/（商品销售成本/365）
现金周转时间	库存的供应天数 + 应收账款龄 – 应付账款龄
资金周转	产品销售总额/总资产净值；产品销售总额/总流动资金

SCOR 模型将具体作业与性能衡量指标相结合，定量分析整个供应链的运作性能，提供了供应链评价及快速确定改进机会的工具，并为最佳表现及其特征描述提供了一系列可供参照的标准。SCOR 模型提供供应链快速建模方法，是供应链设计和再造的工具，提供把企业战略目标与供应链性能指标相结合的方式。供应链系统可以获取足够的信息用以支持改进决策，为供应链的再造方案提供依据。

此外，SCOR 模型还是企业学习供应链管理的工具。世界各地都有企业成功实施了该模型，典型案例中除了英特尔、戴尔这些世界知名大公司外，还有美国宇航局与国防部的后勤部门。越来越多的组织正在采用 SCOR 模型作为改善其供应链的工具，完善供应链管理给企业带来巨大效益（见表 7-5）。

表 7-5 SCOR 模型对供应链的效益改进程度

内容	效益
配送性能	提升 16% ~ 28%
降低存货	改进 25% ~ 60%
履约周期	缩短 30% ~ 50%

续表

内容	效益
预测的准确度	提升 25% ~ 80%
综合生产率	提高 10% ~ 16%
降低供应链成本	改进 25% ~ 50%
订单完成率	提高 20% ~ 30%
综合能力	提升 10% ~ 20%

7.2.3　SCOR 模型仿真

作为仿真方法之一的 SCOR 模拟仿真法，不是一种单项技术，而是一种求解问题的方法。它可以运用 SCOR 模型和技术，针对实际问题进行建模，借助于模型，采用人工实验的手段来理解需要解决的实际问题。我们通过仿真，可以评价各种替代方案，证实哪些措施对解决实际问题有效。

模拟仿真法是建立系统的数学模型，并将它转换为适合在计算机上编程的仿真模型，然后对模型进行仿真实验的方法。SCOR 模拟仿真法的一个突出优点是能够解决用解析方法难以解决的十分复杂的问题。有些问题不仅难以求解，甚至难以建立数学模型，当然也就无法得到分析解。仿真可以用于动态过程，通过反复实验求优。与实体实验相比，SCOR 仿真的费用比较低，而且可以在较短的时间内得到结果。

电子 SCOR（e-SCOR）模型就是基于标准的 SCOR 模型和对离散事件的模拟而形成的。

为了克服模型建立和仿真时遇到的制造流程差异和信息分享难题，分布式的仿真技术 HLA（High Level Architecture）出现。它运用通用的仿真工具，为复杂的制造流程管理开发出高层次的仿真模型。

除了生产制造网络的地理位置分散，另一个必须面对的问题是，如何整合不同企业正在运行的各种信息系统，建立并实施统一的仿真模型。

得益于所具有的主要特性（自主性、交互性和反应性），代理和多级代理系统（MAS）非常适合为动态的供应网络进行建模与仿真。这些方法可用于模拟不同的业务模式，例如，港口供应链管理、仓库库存规划和材料处理等。Labarthe 等人为供应链建模与仿真提出了一种基于代理的框架系统。Chatfield 等人发明了以订单为中心的供应链基础架构（节点、行动、政策等）。它是一个由知识库为基础的特定 XML 字典，称作供应链标记语言（Supply Chain Markup Language，SCML），基于 Java 的仿真引擎来转换文件和执行仿真。

基于仿真的仿真标记语言（Simulation Markup Language，SML）是一个开源的工具。制造信息仿真模型（Manufacturing Information Model for Simulation，MIMS）使得基于平台的供应链模型设计可以进一步转化为特定的仿真软件工具套件的模式。

面向对象的方法特别适合为供应链建模，这是因为被建模的系统中的对象之间的自然映射（如分销商、供应商、工厂、车辆等）和它们抽象的对象模型。每个对象都有一个身份、状态和行为。罗塞蒂等人提出了一个面向对象的框架，用于执行供应链仿真。这个框架提供了一个可重复设计的、抽象的、交互的实例系统。

基于对目前已存文献的梳理，我们发现大部分模型都缺乏普遍适用性，并且没有提供统一的途径和方法来建立数学模型和执行计算机仿真。供应链管理流程、结构和内容应该是由模型驱动的，计算机仿真系统同时也承担了知识库管理的责任，它囊括了 SCOR 模型里具体的流程结构、流程元素、性能考核、最佳实践、运营策略，等等。

计算机仿真系统采用的是离散仿真技术。它能跟踪制造流程里的每一个零部件、成品和批次，无论它们是来自供应商、生产车间还是分销商，然后模拟真实的流程，并且将相关信息储存在系统里，以便将来进行进一步的详细分析。

计算机仿真系统中最重要的部分是生产智能系统，它的核心理论是三元论，适用于反映流程之间的相互作用。扩展后的三元论包含额外的属性，例如，模型、位置、产品和文档，这使得大多数现有供应链仿真软件不可能或很难实现高层次建模与仿真。精确描述供应网络结构和流程的标准缺乏，导致许多仿真方法之间的相互竞争。本书建议建模和仿真使用基于流程的方法，并利用标准的模型（第三层次的流程）。目前的仿真软件的优点是，它可以在较低层（企业具体实施水平）对细节进行建模与仿真。

这种供应链模拟方法有几个优点：它提供了一个非常接近于现实商业环境的、集成系统动力学原理的高度仿真模型；它能为任何业务领域的供应网络建模，而目前许多其他的供应链模拟方法只适用于某些特定领域；它允许不同的流程类型、商业政策、最佳实践等参与实验，并观察其在全球的供应网络影响；它同时建立起基于模型的度量系统，并支持在不同的流程水平、位置，以及全球的供应网络层次的指标；新的度量指标也可以加入支持特定性能测量系统中。

大多数传统的仿真软件的业务对象是基于代表某些功能（如商业政策）的业务实体（机器、工人、供应商、经销商等）。然而，这些方法不具有足够的灵活性，而且不能包括所有的真正存在于现实供应网络中的商业实体和政策。基于流程的方法更具通用性，因为它使用业务流程作为主要构建模块。这样，我们可以更容易和准确地模拟出相互关联的供应网络流程。建模方法不仅包括流程子模型，而且包括网络结构、营商环境和约束子模型。

根据真正的供应网络中存在的所有主要原则，强调数据库的仿真软件使流程得以顺利执行。通过这种方式，产生的相关文件（发票、采购清单等）有利于分析派生的结果。

比起现有的仿真工具，以数据库为中心的方法具有以下几个优点：现有软件对复杂的供应网络的详细模拟，需要耗费大量的时间和资源，数据库技术和原有的生产智能系统相结合，实现更快、更有效的模拟；查询和存储过程可以优化，以获得更好的执行性能；大多数现代数据库管理系统支持分布式模型，所以仿真也可以运行在分布式环境。然而，数据库管理系统负责所有的交易控制，它极易产生潜在的死锁，这在现有的分布式仿真环境里是一个非常普遍的问题。

数据库模式建模使用统一建模语言（UML），因此它可以被用于任何正向设计的数据库管理系统。存储在数据库中的数据可以使用标准技术（SOL 或者 Web 服务）进行查询和操作，而现有的供应网络仿真软件往往是一个黑盒子，很难访问或集成。

数据库模式代表了元模型，它用于建模、仿真、测量性能，并分析任何供应网络配置。此外，该软件还支持存储同一供应网络的各种变化，从而比较不同的方案。例如，不同的模型可以分别应用于库存、运输、制造等。这些模型不仅可以创建于流程和节点，也可以为特定产品创建。例如，不同的库存补货模型或订单处理方法适用于不同的产品。

数据库作为基础的方法，也可以灵活地用于创建用户界面建模、仿真和报告。创建基于 Web 的前端应用程序，让企业可以从其使用的 Web 浏览器直接创建和编辑模型、运行仿真和查看报告。

客户需求是现代企业最重要和最有影响力的因素之一，因为它支配和指挥整个供应网络。客户需求通常是基于商业准则的，例如，规定交付方式和交货时间等。

建模、初始参数设置完成后，就可以生成客户需求。之后，系统仿真会自动根据生产智能系统和业务逻辑的定义运行。单个流程可以触发单个或多个其他流程。每个流程都通过时间、成本和资源等方面来表现。例如，生产智能系统使用预先定义好的业务逻辑来计算最优订货量和订单的重新排序。

所有的仿真元素都是可以重复使用的，这意味着，流程形成的流程库、流程类型、实现方法和业务逻辑同样可以被新的仿真重复使用。这使得仿真软件包含了专业领域知识，也更利于模型的设计。

在现实商业环境中存在的约束也可以被包含在模型内，并以规范存储的参数来表示。例如，机器的产能、流水线的产能、运输能力和速度、工人的效率，等等。也有一些关于属性的约束，例如，订单价值不能超过一定的限度。

仿真软件还可以通过供应网络基础架构建模、定义各种特性和关系流程来实现高效、简单、灵活的建模。其他元素也可以同时参与建模，如成本、资源、约束和指标。元模型为每个流程定义最佳实践，从而奠定了流程改进和再造的基础。

计算机仿真软件的出现得益于信息产业的技术、标准和自动化的迅猛发展，以及计算机在企业流程管理中的广泛应用。大量复杂的信息处理、分析、统计和计算都可以在计算机仿真软件里进行。仿真模型还能定义所有信息之间的关联和相互作用。

计算机仿真软件的特征：强调通过分析大量的供应链网络布局、产品、客户等信息来模拟真实的商业环境和供应链流程；在仿真模型中没有忽视客户需求的多样性；充分考虑资源配置和外部环境的约束；综合运用不同的数学模型、预测模型和最佳实践案例。

以模型驱动架构（MDA）自动图表套件为核心的 UML 工具提供了丰富的静态和动态建模方法，以及相对简单的代码生成引擎，运用面向对象的关系映射来生成人为的（实体、属性、关系、约束、触发器、存储过程等）仿真软件数据库计划。之后，在数据库管理系统上正向执行数据定义语言（DDL）代码。这种方法具有以下几点优势：可靠性、灵活、更容易维护模型；更简单的数据操作，使用行业标准作为查询语言；语义已经包含在模型中；更好的信息集成和交换（文件格式、协议和安全）。

因此，计算机仿真软件能够满足企业供应链管理的需要，特别是对那些真实环境和数据的分析，使得在 SCOR 模型第三层（流程元素层）甚至更详细的第四层、第五层里描述的业务流程模拟更为真实。当然，软件也充分考虑到各种不确定性因素对流程控制的影响，例如客户需求、交货期、订单状态等，这些都是参与计算和分析的重要参数。

任何模型都需要基于特殊的商业环境才能执行，其结果依赖所处的商业环境，包含资源、技术、组织架构和约束等。制造流程的计算机仿真软件主要由以下几个部分组成：数据库、流程库、仿真模型、业务流程实例、知识库、分析引擎。

7.3 现代供应链环境下的业务流程再造

1990年，麻省理工学院教授迈克尔·哈默在《哈佛商业评论》上发表了《再造工作：不要自动化，而是彻底铲除》，正式而系统地提出了"业务流程再造"这一概念。由于理解的角度不同，理解的深度和范围不同，迄今为止，不同的学者对业务流程再造给出了不同的定义。无论学者对业务流程再造是怎样具体定义的，定义中一定有四个关键点：从根本上重新思考；彻底的变革；显著的进步；从重新设计业务流程着手。也可以说，业务流程再造理论包括四个要点：根本性、彻底性、显著性、业务流程。

①根本性：对企业长期以来在经营中所遵循的基本信念，如分工思想、等级制度、规模经营、标准化生产和官僚体制等进行重新思考，打破原有的思维定式，开启创造性思维。

②彻底性：业务流程再造不是对企业的肤浅调整和修补，而是要进行彻底的改造，抛弃现有的业务流程和组织结构。

③显著性：业务流程再造追求飞跃式的进步，如大幅度降低成本、缩减时间、提高质量等。

④业务流程：业务流程再造从重新设计业务流程开始，因为业务流程决定着组织的运行效率，是企业的生命。

业务流程再造（Business Process Reengineering，BPR）是企业管理思想的一次重大变革，它使得合作企业实现高度的自动化，企业信息软件更加标准化、模块化，企业可以变得更灵活、更敏捷。企业内部流程的高效运转在很大程度上取决于企业间流程的协调，所以企业开始注重整个供应链流程，这促进了供应链管理理论的发展。供应链管理可以理解为业务流程的集成化管理模式，它强调通过业务流程重组实现供应链上企业的集成与协调。

供应链管理和业务流程再造融合为一种系统化的管理模式，是学术界特别关注的企业管理思想之一。供应链管理和业务流程再造不仅在制造业得到广泛运用，而且在第三产业等其他领域也发挥了重要的价值。

从本质上来说，供应链可以被看作各企业之间的一种业务流程，供应链管理就是一种对业务流程的管理，是业务流程再造活动在价值链上的横向扩展，只不过通常所说的流程管理都是针对组织内部的流程而言的，而供应链管理则是将流程再造的范围扩大到企业与企业之间。

供应链管理和业务流程再造有很多相似之处，如两者的最终目标都是使自己的客户满意，都需要对企业的战略进行重新思考，都面向业务流程，都在提升企业业务流程的敏捷性和经济性方面取得很好的效果。对供应链系统进行再造，目的就是使企业能够应对环境的不确定性，消除浪费，达到资源在整条链上的有效利用，利用供应链整合赢得客户满意，提升核心竞争力，使企业持续成功发展。供应链管理和业务流程再造都是一项复杂的系统工程，其实施涉及系统内企业及企业内各部门的人力资源、业务流程、技术、组织结构和文化等各个方面。可见，实施供应链管理过程中，由于市场的变化和竞争形势的异动，或者新需求的产生，供应链需要在新的意义上进行再造，或者说是旧的供应链上的动态联盟解体，新的供应链应运而生，也就是实施供应链管理反作用于业务流程再造，反作用的结果使得企业在新的竞争格局中生存和发展。

业务流程再造体现的是一种改进的思想，其目标是通过对组织经营的流程进行改造设计，使这些流程能够价值最大化，运行效率更高，进而使绩效得到大幅提升。业务流程再造的对象可以是单独一个流程，也可以是整个组织。业务流程再造的总体过程见图7-5。

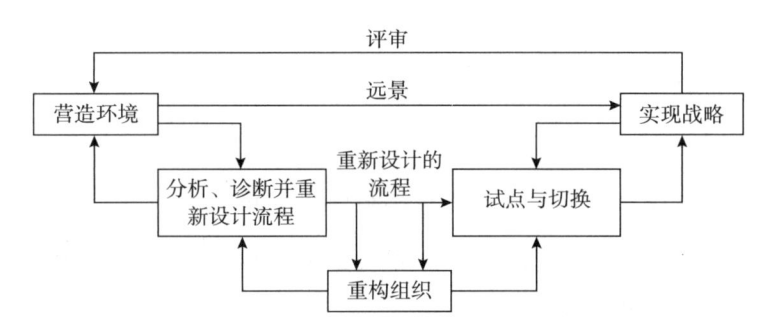

图7-5 业务流程再造的总体过程

业务流程再造的路径是动态化、多元化的，主要有两种：系统化改造与全新设计。两种方式的目的都是提高流程的运行效率，使企业获得竞争优势。流程系统化改造主要是指在辨识和理解企业现有流程的基础上，通过对流程进行清理和整合来设计新流程，反映到具体的流程设计上就是减少非增值活动，调整和保留核心增值活动。全新设计法主张抛弃现有流程，由目标开始逐步倒推，重新考虑产品和服务的提供方式，其优点是再造成功后绩效会取得突破性提高，缺点是再造的风险高，对企业的正常经营干扰较大。两种模式的比较见表7-6。

表 7-6 两种再造流程模式的比较

比较项	系统化改造法	全新设计法
现有流程	情况良好	情况不好
再造对象	企业现有的业务流程	企业的整体运行系统
目标期望	有所提高（2%~5%）	跨越式增长（50%以上）
企业高层	授权并且支持项目的实施	订立合同，直接参与项目实施
再造性质	在现有流程基础上进行改造	以目标为中心进行流程再设计
实现方法	细致分析现有流程并确认流程的基础框架	摒弃现有运行模式与组织结构，对流程进行重新设计与校验

事实上，构建卓越的业务流程并不一定要完全摒弃现有的流程设计，而应根据现有流程的具体情况，对流程进行规范化的设计。许多企业流程再造都是选择以上两种方式相结合的途径。某些已经比较优秀的流程，可能原先没有完全规范，可以对其进行规范；如果流程中有一些问题，存在一些冗余或消耗成本的环节，我们可以采用优化流程的方法。一般来说，我们要明确的是流程再造的范围和再造方式。

7.3.1 业务流程再造原则

基于供应链的流程再造原则如下所述。

1. 以客户需求为中心

供应链环境下企业进行业务流程再造必须要以客户需求为中心，所有活动都要围绕这一原则开展。业务流程再造的这一原则就是根据客户需求，考虑如何能为客户提供方便、优质的服务，并按照此思路来建立能及时响应客户多样性需求的运营流程。企业要在流程中建立相关的控制程序，将决策点定位在主干流程的关键位置，提高企业对用户需求的高效响应，消除职能部门、企业之间的壁垒，减少无效作业，降低管理成本，提升企业竞争力。企业应该协调好流程、人员、技术，在为客户提供优质产品和服务的同时尽量降低成本。

2. 以流程为导向

企业流程的输入端是客户需求，经过生产等一系列的作业活动，最终输出有价值的产品。业务流程再造贯穿的理念是流程中的企业，依据流程的需要对当前职能部门进行整合，取消多余、重叠甚至是对流程有阻碍作用的环节。

3. 全新设计与系统化改造相结合

全新设计是根本性、彻底性的再造，其目标流程与现行流程联系不大，再造一旦成功，企业将会取得跨越式进步，但是此种方式对于企业来说风险较大，会带来很多的不确定性；系统化改造是在分析现有流程的基础上，系统地、逐步地重构企业流程，若大范围实施，效果显著，而且风险相对较小，对日常营运的干扰较小。在选择再造方式上，应该结合企业实际情况进行。

4. 协同改善和整体优化

协同改善是供应链环境下业务流程再造的指导思想之一，是指企业在明确对流程的产出要求后，将任务分解到各企业、部门，使它们协同工作，共同完成目标。供应链环境下的企业管理应该具有整体化思维，把握全局，明确流程的关键问题，并采取适当的再造方法对流程进行优化，全局性思维是成功实施业务流程再造的有力保障。

5. 持续改进

在企业实施业务流程再造之前，要做好准备工作，向供应商、客户和员工说明业务流程再造实施的必要性，积极促进管理层和员工间的交流，把重组后的组织状态和工作流程描述清楚，获取全体人员的信任与支持。供应链环境下的企业业务流程再造是一个持续改进的过程。在企业成功进行业务流程再造后，还要尽可能地完善后续的改进工作。流程的管理和设计要根据市场情况的变化保持不断改善的状态，企业的管理信息化也要依据企业流程的变化而升级，使内部建设保持良好的水准，并尽最大努力取得客户满意，这样企业就可以保持自己的竞争力。

7.3.2 流程再造关键因素

在实施供应链环境下业务流程再造的时候，有些因素对流程再造能否成功有着非常重要的影响。

1. 业务流程再造的内部影响因素

流程再造应该服务于企业的市场战略。根据波特市场战略理论，企业战略可以分为低成本战略、差异化战略和集中战略，而集中战略在限定业务范围后，也是低成本战略或差异化战略。企业如果以低成本战略领先，业务流程再造过程中就要重点考虑内部流程成本的控制，尽量将研发、生产、销售及相关服务等业务流程成本降到最低；差异化战略即企业在经营过程中保持独特性，若企业采取差异化战略，那么流程再造的目标就要放在与产品或服务相关的业务流程上。

业务流程再造是对企业原有的流程进行梳理与重构，在打破原有的业务流程的同时，原有的组织结构必然会对流程再造产生结构性的影响。因此，变革企业原有的组织结构是业务流程再造得以进行的保证。通过变革组织结构，企业可以有效消除原来的低效率和冗余流程。另外，业务流程再造也会改变组织结构设计的理论基础和思路。原来按劳动分工原则组建的职能组织结构也会因为流程的再造而重组。经过流程再造后，企业的基本工作单位由原来的职能部门转变成业务流程式的工作团队。这将把原来职能制的组织结构改造成扁平式的流程组织结构，极大地提高了企业的响应速度。然而，有些流程不适合以工作团队的方式来完成，所以也不能取消组织中所有的职能部门。因此，企业在进行业务流程再造之后，还要科学合理地设置组织的基本工作单元，协调好职能部门与工作团队的关系。

互联网技术能够让企业获得多方面的优势，例如，提高作业效率、降低活动成本、增强信息准确性、避免人工操作错误等。相关研究人员和学者大都将互联网技术视为业务流程再造的孵化器与加速器。当今的市场环境要求企业尽可能减少流程中的冗余环节，加强企业间的合作，利用互联网技术、电子数据交换技术（EDI）共享数据库信息，缩短产品的研发周期，迅速向市场提供客户满意的产品。企业的信息化系统，如ERP、CRM、SCM等，不但可以改善企业现有的业务流程，还可以通过各项关键绩效指标（KPI）对业务流程进行有效监控。值得注意的是，诸多研究人员所做的调查统计都表明，业务流程再造项目不可过多地依赖互联网技术，毕竟流程重构的核心是流程，互联网技术只是起辅助与加速的作用，并不起决定性作用。

哈默、钱皮等有影响力的研究者都认为企业文化是决定业务流程再造能否成功实施的一个关键因素。因为企业文化是业务流程再造的宏观环境，企业再造之后，原有的企业文化可能已经不再适用，所以要建立新的企业文化来适应再造后企业的价值观与沟通方式。新的文化可以在业务流程再造的过程中建立，例如，客户导向、团队协作、员工授权，这些先进的管理理念都可能在企业重构过程中融入新的企业文化里。在对相关业务进行流程重组时，需要高度关注企业文化并对其进行适当的变革与重塑，以统一企业员工的思想，凝聚推进流程再造的力量。可以说企业流程再造不仅是应用一整套先进的管理理念和方法对原来的流程进行梳理与重构，也是试图塑造一种更适合企业发展、更有活力的企业文化。

2. 业务流程再造的外部影响因素

消费市场已经由卖方市场转为买方市场，只有客户满意度高的企业，才能在激烈的竞争中立于不败之地。这要求企业业务流程再造的设计和实施都要以客户满意为中心，确定以客户需求为起点、以满足其需求为终点的经营方针，即客户需要什么，就生产什么，服务什么。企业是以服务客户、创造价值为目标的，只有优化自身的业务流程，为客户提供更大的价值，企业的业务流程再造活动才有意义。

随着移动互联网时代的来临，企业之间的竞争范围空前扩大，竞争的方式也越来越多，特别是电子商务的兴起，对传统行业形成了严重冲击。例如，网上书店和电子书的出现使得上海大部分实体书店都经营惨淡。另外，客户需求和竞争对手都在变化，变化的速度也越来越快，难以预测，这对企业的管理者提出了更高的要求。因此，企业有必要适时实施业务流程再造，以适应迅速变化的市场环境。

7.3.3 流程再造步骤

供应链管理的过程是整合链上各个环节最优资源的过程，强调企业要把主要精力放在关键业务上，充分发挥自身优势，同时在全球范围内与合适的企业建立战略合作伙伴关系，企业将非核心业务外包给具有优势的合作企业，从而获得更大的竞争优势，更好地满足客户的需求。供应链环境下的企业必须不断地适应环境，依企业内外环境的变化调整对内对外政策，也需要相应地改变业务流程。供应链流程再造根据各家企业的具体情况，有着不同的具体实施步骤，但是一般来说都要经历系统收集供应链基础信息、分析和评价现行作业流程、评价战略目标达成程度、制订再造战略蓝图、确定首要的流程再造的项目、选择合适的信息技术手段、建立作业流程的原型系统以及取得合作伙伴的支持配合等步骤。

7.3.4 流程再造方法

绩效表现-重要性矩阵是一个虽然简单但非常有用的工具，可以帮助我们发现哪里是最需要改进的领域。流程或流程的结果在矩阵上的位置代表其重要程度及运行绩效的高低。根据重要程度与运行绩效，可将项目分成四个类型，其中重要程度高、绩效低的就是最需要改进的领域。这就解决了业务流程再造从何处入手的问题。

头脑风暴法是改善群体决策的方法之一。头脑风暴法可以防止群体思维对群体批判精神和创造力的削弱，保证群体在决策中的创造性，保证决策的质量。企业为了彻底找出业务流程中的不足，提出根本性的改造计划，常运用头脑风暴法，使参与者能够匿名对讨论主题提出意见和建议。

企业常通过德尔菲法来论证某一管理方案是否可行。在运用德尔菲法进行业务流程再造时，首先应选定参与评价的专家，然后将业务流程再造的初步方案发给这些专家，并收集、整理、分析专家们的意见和建议，将反馈结果再次发给专家，告诉他们其他专家的看法，使其对存在分歧的地方进行更加深入的思考。这一流程反复进行，最终获得专家们比较一致的意见。这样能够减少业务流程再造的风险，提高战略的正确性。

学习五角星方法是另一种寻找入手点的工具。公司可以从不同的来源学习了解需要改进的领域：客户、供货商、员工、顾问以及标杆瞄准，是最佳的实践过程。客户提示了企业获得需求信息的重要来源，最重要的客户的需求往往提示了改进业务的最好入手之处。供应商也能为组织提供类似的帮助，而且这种帮助并不局限于流程的末端，优秀的供应商的兴趣会延伸到整个供应流程。企业的员工对流程有深入的了解，也是流程改进思路的重要来源。咨询顾问能够提出有用的外部观察者的看法，起到推动业务流程再造的作用。最后，企业还可以通过标杆瞄准学习榜样来寻求启发。

流程再造的方法还包括品质功能部署、流程图形建模技术、鱼骨分析法、价值链分析法、ABC 成本法等。

7.4 案例：信元供应链从设计到货品配送到店的业务流程

为了及时获得国内外市场的服装流行信息，信元在纽约、新泽西、伦敦、中国香港和内地等地设置了一些服装设计工作室。这些工作室的职能各有侧重，纽约及新泽西的设计师主要做平面设计、丝网印刷、CAD 设计及时装设计等，在中国的设计和开发工作包括面料开发、平面设计及服装设计。

信元在 2019 年设置了主要供应伙伴的面料辅料创新中心，该中心建在信元的供应链城中，占地 400 平方米，包括针织梭织面料展览室和辅料产品展览室。信元为每个主要供应商提供一间展品间，统一管理他们的物流和信息流。这样一来，供应商可以在这里优先得到客户订单。

在厂区中，信元设置了能够完成服装设计开发每一个环节的机构，包括设计与开发部门，技术中心，面料与辅料测试中心，营业跟单与全球生产规划部门，水洗、印花与绣花车间，生产车间等。

信元加强对设计部门和技术中心的建设，帮助客户和下游厂商做产品设计和提供检测报告。下游厂商在国外做一件衣服的款式花费巨大，但与信元合作可以大大降低成本。信元帮助客户做得越多，客户就越信任信元。

为提高产品质量，信元非常重视和设备供应商的合作。一家生产自动衣领加工设备的意大利公司曾经和信元合作，但是这家公司不愿意根据信元的业务流程做相关改进，于是信元便找到一家日本公司做这方面的工作。这家日本公司帮助信元设计了新的加工流程后，一件衣服的加工时间从 23 分钟减少到 19 分钟。另一个例子是信元采用了 Gerber 公司的一个软件，通过对布料裁剪重新排版，减少了 2% 的加工时间。加工时间每减少 1% 每年就能帮助信元节省 300 万美元。

为了在国际市场上获得有利的竞争地位，信元还花费了很多时间和精力与外部的物流厂商合作，由它们提供各种物流服务，包括托运、仓储、物流咨询和代为客户安排清关，以及联系其他产品的第三方货运商等经纪服务。信元通过提供良好的物流服务，缩短了产品的交货时间。信元的另一个做法是，尽量减少客户的工作，将货物按照客户的要求直接发送到世界上某个仓库或客户指定的某个地点。

信元还可以按照客户指定的方式对产品进行包装，可以根据客户的要求做混色和混码的装箱。为做到这一点，信元又进行了创新。在缝纫完成后，服装进入生产流程的最后一道工序——包装流水线。这时该订单的装箱信息也会送到这里。工人通过信息系统的辅助，在装箱时扫描服装上的条码，以保证送货的准确性。如果产品与要求不符，电脑便会提示。在包装的同时，扫描的服装样式、颜色、尺码等数据都被录入电脑，信元可以在货物到达客户之前将相关的信息传递给客户，这样就保证了按客户的要求装箱。客户只需要将整箱的衣服发送到销售点，不需要开箱后再进行分拣装箱。这样便有效降低客户的成本，节约了客户的时间，也避免了拆装箱过程对产品品质产生影响。

请根据案例所描述的内容描述信元供应链创建战略，及其从设计到货品配送到店的业务流程，并对其是不是具有竞争力，以及如何才能有更强竞争力等问题进行阐述。

复习思考题

1. SCOR 模型的框架及其每一层流程的具体定义是什么？
2. SCOR 模型的绩效衡量指标及指标评价遵循的基本原则有哪些？
3. 业务流程再造的定义是什么？实施业务流程再造时有哪些原则？

第8章 现代供应链控制管理

对于现代供应链控制，目前尚没有统一的定义。本书作者认为，供应链控制是围绕供应链的稳定和效益最大化进行的有关绩效评价、激励与风险防范等的管理活动总称。参见图8-1。

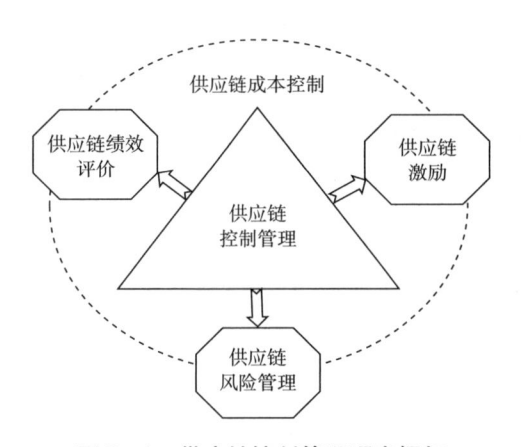

图8-1 供应链控制管理研究框架

对于供应链激励，现有研究主要集中在委托代理理论、信息共享激励和转移价格激励等方面，可以说并未形成较为成熟的和公认的知识体系。本章着重从供应链绩效管理、供应链风险管理和供应链成本控制三部分进行论述。

8.1 现代供应链绩效管理

8.1.1 现代供应链绩效管理的内涵

根据朗文词典的解释，绩效即正在进行的某种活动或已经完成的某种活动。因而绩效既可以被看作一个过程，也可以被看作该过程产生的结果。将这个解释应用到供应链，就可以得到供应链绩效（Supply Chain Performance），即供应链运作过程和运作结果。从某种意义上讲，供应链的运作过程就是通过有效协调供应链成员企业的活动，增加、创造供应链及供应链上所有成员的价值。从物流的角度看，制造商从供应商处获得原材料，加工成产成品，然后包装，分销商将产品送达用户。从信息流的角度看，各成员企业进行上下游信息协调和客户关系管理，每个过程都是一个价值增值的过程。信息共享可以大大降低供应链的运营成本，在增加供应链的价值同时，通过及时把握客户需求的变化和趋向，适时开发出能够满足市场需求的产品，提供令客户满意的服务。评价供应链的绩效，是对整个供应链的整体运行绩效、供应链上节点企业、节点企业之间的合作关系做出评价，是围绕供应链的目标，对供应链整体、各环节（尤其是核心企业运营状况以及各环节之间的运营关系等）进行的事前、事中和事后的分析评价。

基于上述讨论，供应链的绩效可从两个方面进行定义：一方面是供应链各成员通过信息协调和共享，在供应链基础设施、人力资源和技术开发等内外资源的支持下，进行物流管理、生产操作、市场营销、客户服务、信息开发等活动创造的价值总和，即结果绩效；另一方面是为达到上述目标，供应链各成员采取的各种活动，即运作绩效。

为了评价供应链的实施为企业群体带来的效益，我们对供应链的运行情况进行必要的度量，并根据度量结果对供应链的运行绩效进行评价。因此，供应链绩效评价主要有以下四个方面的作用。

第一，用于对整个供应链的运行效果做出评价。主要考虑供应链与供应链之间的竞争，为供应链在市场中的组建、运行和撤销的决策提供必要的客观根据。目的是通过绩效评价了解整个供应链的运行状况，找出供应链运作方面的不足，及时采取措施予以纠正。

第二，用于对供应链上各成员企业做出评价。主要考虑供应链对成员企业的激励作用，吸引优秀企业加盟，剔除不良企业。

第三，用于对供应链内企业与企业之间的合作关系做出评价。主要考虑供应链的上游企业对下游企业提供的产品和服务的质量，从客户满意的角度评价上下游企业之间的合作伙伴关系的好坏。

第四，除了对供应链上的企业运作绩效的评价外，这些指标还可起到对企业的激励作用，包括核心企业对非核心企业的激励，以及供应商、制造商和销售商之间的相互激励。

8.1.2 现代供应链绩效评价原则与框架

为了建立能有效地评价供应链绩效的指标体系，除了应遵循 Globerson 所提出的设计任何评价指标体系都应遵循的八条原则外，还应遵循下述原则：①应突出重点，要对关键绩效指标进行重点分析；②应采用反映供应链业务流程的绩效指标体系；③评价体系要能反映供应链整体运营情况，而不仅仅反映单个节点企业的运营情况；④应采用实时、动态分析与评价的指标，要把能反映供应链实时运营的信息囊括到绩效度量范围中；⑤应采用反映各节点企业关系的指标体系；⑥定量指标与定性指标相结合的原则；⑦绝对指标和相对指标相结合的原则。

本书给出的供应链绩效评价的框架主要基于外部绩效评价和内部绩效评价两个方面，具体的框架见图 8-2。

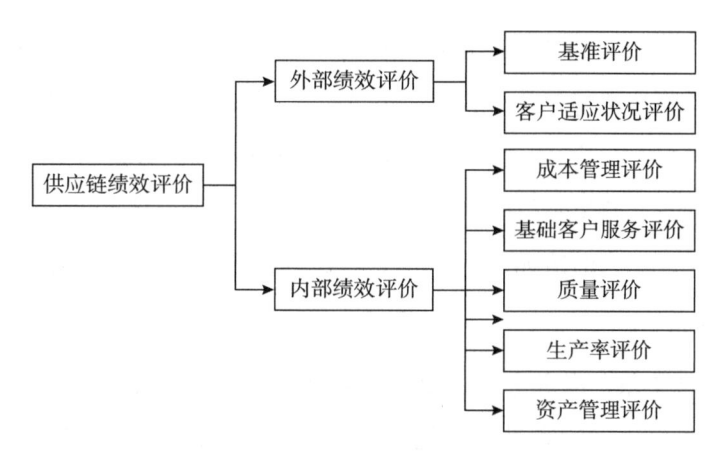

图 8-2 供应链绩效评价框架图

8.1.3 现代供应链内部绩效评价

内部绩效评价主要是运用一定的评价方法、量化指标及评价标准，对供应链上的企业内部绩效进行评价，主要考虑供应链对企业的激励。这与现行企业绩效评价不同。虽然企业自身绩效的评价仍然是供应链企业考核的重要内容，但是这里我们关注的是供应链带来的企业业绩提升以及企业对供应链整体运营绩效的贡献，而非单纯以货币计算的净损益。因此，供应链企业绩效评价需要立足于供应链整体的角度，不同于一般意义上的企业立足于自身角度对内部绩效的评价。

供应链内部绩效评价主要包括成本管理评价、基础客户服务评价、质量评价、生产率评价和资产管理评价五个方面。

1. 成本管理评价

这里的"成本"指的是为完成特定的运作目标而发生的实际成本,是最能直接反映供应链内部绩效的指标。

2. 基础客户服务评价

基础客户服务包括服务的可得性、运作绩效和服务可靠性。一个有效的基础服务平台需要特定的评估标准来评估每一方面的绩效。在一般情况下,服务的可得性可以通过一个组织的操作完成比率来反映,通常运用的完成比率有货物完成比率、产品线完成比率、价值完成比率和订单完成比率。运作绩效解决与时间有关的问题,一般情况下可通过平均订货周期、订货周期一致性和准时交货来衡量。

3. 质量评价

通过组织对供应链中的物流质量进行评价可以得出与物流服务可靠性相关的绩效。部分质量评估指标仅负责监控某一项供应链活动的有效性,其他一些质量评估指标则更关注供应链的整体绩效,期间会对某些活动运作绩效的准确性进行特别的跟踪。另外,还有一些重要的质量绩效指标与信息有关,许多公司特别重视评估自身提供信息的能力,即在客户需要的信息缺失的情况下,公司自身是否具有提供有关信息的能力。

4. 生产率评价

生产率是一种关系,通常会用一个比率或指数来表示。如果一个系统有明确的可衡量的产量以及可以确定的和可以衡量的与产量相匹配的投入,那么,对于生产率的衡量将只是日常事务而已。然而,现实中往往存在以下困难阻碍着生产率的准确衡量:一是在所规定的时间段内,产量难以衡量,同时投入与产量难以匹配;二是投入与产出混淆或者类型不断变化;三是数据难以得到或根本没有。这几个方面的困难的解决也正是现实中需要努力的方向。

5. 资产管理评价

供应链的资产包括库存、厂房、资金和设备。资产管理的重点是投资在设施和设备上的资本利用情况,以及投资在库存上的营运资本的利用情况。设施和设备的利用情况经常以容量的利用以及时间的利用作为衡量标准。例如,如果一个仓库有存储10000个纸箱的能力,但实际上仅仅存储8000个,那容量利用率仅为80%;对于时间的利用,可以以设备的停工期进行衡量。

8.1.4 现代供应链外部绩效评价

外部绩效评价主要是对供应链上的企业之间合作运行状况的评价，要求将供应链上各节点企业的相互影响和相互作用作为评价的重要因素加以考虑来全面评价。现代供应链外部绩效评价包括从客户满意度的角度评价上下游企业之间的合作伙伴关系、核心企业对其他节点企业的激励以及供应商、制造商、零售商之间的相互激励等。

供应链是一个内部成员相互关联的战略联盟体，各节点企业只有充分合作，实现利益共享、互惠互利，才能保证所有成员发挥最大能动性，从而促进供应链绩效的实现与提高。因此，供应链外部绩效的评价是供应链绩效评价的一个重要方面。其度量的主要指标有基准评价和客户适应状况评价。

1. 基准评价

基准是供应链外部绩效评价系统的一种重要的工具，它使管理者了解到一流的经营运作，既包括竞争对手的，也包括非竞争对手的，既包括与本行业相关的行业，也包括与本行业不相关的行业。一项对最佳运营供应链公司的研究发现，那些具有高水平供应链运营能力的公司与那些供应链表现平平的公司相比，更加愿意从事基准评价活动。

基准评价的选取对象主要有两大类：一是本行业顶尖公司及平均水平；二是其他行业顶尖公司及平均水平（前提是本行业绩效信息搜集困难，其他行业绩效信息搜集相对简单）。

2. 客户适应状况评价

客户适应状况可以由相关的评价指标来反映，如完美订单、客户满意度等。完美订单是指订单得到了完美的履行，在整个订单完成周期内，每一步作业都严格按照对客户的承诺执行，毫无差错。完美订单可以作为公司零缺陷物流承诺的指标。完美订单衡量的是公司总体物流绩效的有效性，而不是单个职能的有效性。完美订单衡量一个订单是否准确无误地通过了订单管理程序，是否每一个操作步骤都快速且准确，包括订单输入、库存可用性、精确地分拣、准时交付、正确开出发票以及足额付款，即快速无误、无异常处理或人为干预地管理信息流。

客户满意度的量化来自对客户信息的监控、收集和评价。典型的客户满意度评价方法要对客户对企业的期望和对企业各方面运作绩效的印象和理解等进行仔细的调查。客户的期望和绩效印象包括可用性、订单周转时间、信息有效性、订单准确性、问题处理情况和物流运作质量等，而这一切都是基于对客户对供应链整体的满意度信息的收集。

3. 现代供应链综合绩效评价

现代供应链综合绩效评价主要是从整体角度考虑不同供应链之间的竞争，为供应链在市场中的组建、运行、撤销的决策提供依据。目的是通过绩效评价获得对整个供应链运行状况的了解，找出供应链运营中的问题，及时予以解决。评价要能够综合反映各职能部门和供应链组织间的关系，因此，这是一种综合的评价方法。评价的内容主要包括成本、时间、客户满意度、资产等几个方面。

8.1.5 现代供应链绩效评价方法

1. 基于平衡计分卡法的绩效评价

平衡计分卡提出了一套系统评价和激励企业绩效的方法，认为应从四个角度审视业绩：财务角度、客户角度、内部运营过程、学习与成长。客户满意度是推动其他指标顺利完成的原动力；高效的内部运营过程保证了高水平的客户满意度；持续改进则提高了组织的运作绩效。组织的所有成员沿着创新与学习—内部运营过程—客户—财务目标这条因果关系线不断修正自己的行为，将自己的日常工作与组织的战略保持一致，从而保证了组织战略的实现。

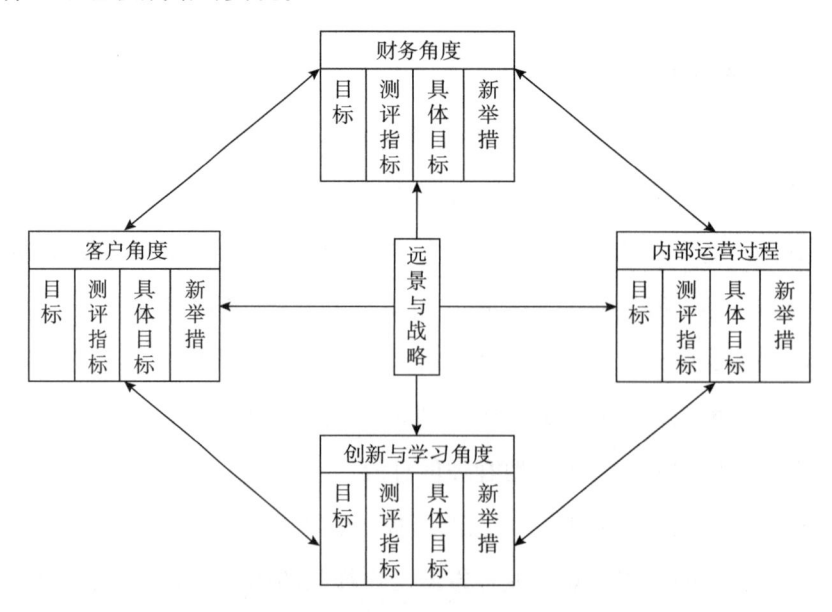

图 8-3 平衡计分卡指标体系

基于平衡计分卡的供应链绩效评价可以从以下几个角度考虑。

（1）客户角度

供应链的目标之一是帮助整个供应链中的成员实现持久稳定的收益，为了实现这一目标，供应链必须进行客户管理，了解客户需求，评价满足客户需求程度的高低，力争在正确的时间、地点将正确的产品或服务以合理的价格和方式交付给特定的用户，增加客户价值，提高柔性、可靠性，以实现和超越客户期望。平衡记分卡给出了两种绩效评价方法：第一种是企业为达到客户所期望的服务效果而采用的评价指标，主要包括市场份额、客户保有率、客户获得率、客户满意度等；第二种方法针对第一种方法中的各项指标进行逐层细分，制订出评分表。

（2）流程角度

这是平衡记分卡突破传统绩效评价的显著特征之一。相对应的目标是减少浪费，压缩时间柔性，降低成本。传统绩效评价虽然加入了生产提前期、产品质量回报率等指标，但是往往停留在单一部门绩效评价上，提升这些指标仅仅有助于组织生存，而不能使组织形成独特的竞争优势。平衡记分卡从满足投资者和客户需要的角度出发，从价值链上对内部的业务流程进行分析，提出了四种绩效属性：质量导向的评价、基于时间的评价、柔性导向评价和成本指标评价。

（3）改进角度

改进产品、流程创新、伙伴关系管理是供应链的又一目标。供应链的持续发展直接关系到供应链的价值。严峻的全球竞争形势要求供应链必须不断改进和创新，发掘和整合供应链内外部资源，提高现有流程的运作效率，增强产品服务质量和开发新产品的能力。供应链要创造长期绩效就必须培育良好的学习能力，并夯实发展基础。平衡计分卡注重分析现有能力与满足需求的能力之间的差距，这种差距将通过员工培训、技术改造、产品服务得以弥补。相关指标包括新产品开发循环期、新产品销售比率、流程改进效率，等等。

（4）财务角度

财务指标是绩效考核中应用最为广泛的一项指标。经营目标的实现使得成本降低，提高了边际收益率，现金流得以更好地优化，收益和资本回收率提高。因此，整个供应链的财务优化依旧是重中之重。平衡记分卡将财务绩效作为所有目标评价的焦点。

应用供应链平衡计分卡对供应链及其核心企业进行绩效评价时，应该根据响应型供应链及其核心企业的特征设计基于供应链平衡计分卡的绩效评价指标体系，从财务、客户、运营过程、学习与成长四个方面设计评价指标。平衡计分卡是绩效管理中的一种新思路，适用于对部门的团队考核。在平衡计分卡的引导下，领导者拥有了全面的统筹战略、人员、流程和执行四个关键因素的管理工具，供应链节点企业可以确定最佳的绩效评价指标体系，从而确定供应链运营的绩效。

2. 基于 AHP 方法的绩效评价

层次分析法（Analytic Hierarchy Process，AHP）是一种定性和定量相结合的、系统化、层次化的综合性分析方法。它能够有效地处理难于用定量分析方法解决的复杂问题。AHP 的基本原理是将被评价对象的各种错综复杂的因素按照相互作用、影响及隶属关系划分成有序的递阶层次结构，对相对于上一层次的下一层次中的因素进行两两比较，然后经过数学计算及检验，获得最底层相对于最高层的相对重要性权数，并进行排序，再进行总体层次的分析或决策。它体现了决策思维的基本特征——分解、判断、综合，具有系统性、综合性与简便性的特点，其运用的关键环节是建立判断矩阵，判断矩阵是否科学、合理直接影响分析效果。

（1）评价指标的无量纲处理

在供应链绩效评价指标体系中，有的属于正指标，有的属于适度指标，还有的属于逆指标，它们对供应链绩效的作用趋向不同。正指标对供应链绩效的贡献率随着评价结果的增大而增大，适度指标要求数值以适中为最好，逆指标对供应链绩效的贡献率随着评价结果的增大而减小。因此，各个指标之间不具有可比性，如果不进行无量纲处理，就无法进行综合评价。

（2）构建集成化供应链绩效评价体系的递阶层次

层次分析法需要根据具体情况建立评价体系的递阶层次结构图，具体见图 8-4。

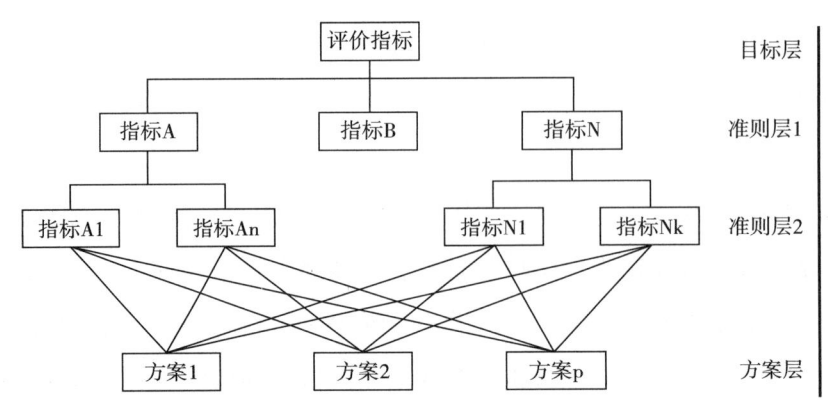

图 8-4 层次分析法递阶层次结构图

(3) 构建比较判断矩阵

在得到供应链绩效评价指标体系的递阶层次结构以后,运用专家(包括内部的供应链管理专家和外部的市场专家)咨询法,对指标体系中由同一上层准则指标支配的同层指标进行两两比较,构建判断矩阵。

(4) 层次单排序和一致性检验

对应的特征向量经过规一化处理后即得到同一层次因素对于上一层次某因素相对重要性的排序权值,这一过程称为层次单排序。对层次单排序进行一致性检验,首先计算一致性指标,再通过查表得出对应不同 n(判断矩阵的阶数)值平均随机一致性指标值。

(5) 层次总排序和一致性检验

计算同一层次所有因素对于最高层(总目标)相对重要性的排序权值,称为层次总排序,这一过程是从最高层次到最低层次逐层进行的。层次总排序后,对每一个成对比较阵计算最大特征根及对应特征向量,利用一致性指标、随机一致性指标和一致性比率做一致性检验。若检验通过,特征向量(归一化后)即为权变量;若不通过,需重新构造成对比较矩阵。

(6) 计算综合评价结果

层次分析法得到方案层各指标的层次总排序权值设为 $W_1, W_2, \cdots, W_n$,各指标经无量纲处理后的评分值为 $P_1, P_2, \cdots, P_n$,则供应链绩效评价的最终得分:$V = P \cdot W^{T3}$。

3. 基于流程的现代供应链绩效评价体系法

我国学者霍佳震于 2005 年提出,基于流程进行评价,不仅具有灵活性和指导性,同时还有利于进一步分析供应链成员之间的相互影响,并构建了一个基于流程的供应链绩效评价体系。具体见表 8-1。

表 8-1 基于流程的供应链绩效评价体系

层次	主体	一级指标	二级及三级指标
结果层	最终客户 经营者 所有者	顾客服务水平 财务情况	可靠性(失去销售百分比,准时交货比率,顾客抱怨比率) 柔性(产品柔性、时间柔性、数量柔性) 经营者角度(资产运营状况、财务收益状况、发挥能力状况) 所有者角度(净资产收益率、资本保值增值率)

续表

层次	主体	一级指标	二级及三级指标
运作层	经营者	价值角度 时间角度 产能角度	生产附加值率 流转时间效率 产能利用率
战略层	经营者 所有者	信息共享程度 创新与学习 稳定与活力	共享信息的质量、时效、深度 R&D 投入回报率、新产品销售收入百分比 成员稳定性、激励机制有效性

资料来源：霍佳震，马秀波. 基于流程的供应链绩效评价 [J]. 商业研究，2005（5）：1-4。

（1）结果层

每个主体所关注的问题并不相同。最终客户作为产品和服务的接受者，关注客户服务水平；所有者和经营者则比较关注财务状况。考虑不同主体的关心事项，本书作者将结果层的绩效分为客户服务水平、财务状况两个方面。

（2）运作层

传统的运作评价大多从投入和产出入手，利用财务指标对结果进行评价。这里则基于流程，具有很强的分析能力和灵活性，既可停留在供应链比较宏观的流程层次上，也可深入企业内部分析更具体的流程，从价值角度、时间角度、产能角度展开运作层体系构建。

（3）战略层

供应链的发展能力和潜力是所有者和经营者共同关心的问题。这一层次的评价，可以分三个方面进行，即信息共享程度、组织创新与学习、稳定和活力（即供应链的合作性质要求其构成具有稳定性，同时需要有效的激励机制以保证供应链的活力）。

8.1.6 现代供应链绩效提升

在可持续供应链中，每个节点企业的文化、体系结构、管理手段和技术要求都不一样。节点企业与节点企业之间更好地合作可以减少不必要的成本并提高企业的整体绩效。从建立供应链关系的阶段开始，应根据供应链的目标和构成形式对每家企业进行检查，目标是使可持续供应链成本最小化，从而提升企业综合绩效。为了使可持续供应链企业能够迅速掌握不断变化的市场机会，供应链中的每个节点企业都要对其他合作伙伴的需求做出快速响应，以便于企业市场的拓展。

1. 建立供应链信息共享平台

信息共享平台可以建立去中间化、去中心化、去边界化的供应链信息交互沟通结构。传统企业普遍受到牛鞭效应的困扰，主要原因在于信息流在从客户向供应商传递的过程中，中间环节过多导致信息扭曲和信息传递不稳定、延迟。这些信息传递过程中的失真、泄露、伪造等问题都可以通过信息共享解决。供应链信息共享意味着供应链中的每个节点企业都需要快速、准确地掌握终端客户的需求。该需求的发送者是分销商，便于每个节点企业及时掌握终端客户的需求信息。

首先是供应商、制造商和分销商三者之间进行内部信息互换，加强内部信息共享，优化企业的供应链管理流程。其次是供应商、制造商以及分销商之间进行信息互换，使各个节点企业都能及时掌握客户的需求信息，进而提高客户满意度等指标。最后，将内部信息和外部信息集成到供应链网络中，既可以提高供应链对市场需求的响应速度，也可以提高企业对内部信息的反应速度，最终提升供应链的综合绩效。

2. 利用现代互联网技术与大数据技术

供应链中各种"流"的运行主要依靠网络，如果没有网络，链的组成就无从谈起。供应链需要大量的信息互通、数据互通，信息更新、数据更新。大数据技术广泛应用于供应链管理的全过程，大量数据的搜集和分析为供应链在研发设计、生产物料采购、营销、物流方面的决策提供依据。尤其是物流运输行业，只有利用新一代信息技术，才能更精准地掌握市场供需，也只有更多地利用新型技术，才能够更好地提高效率，更好地为客户服务，及时满足用户提出的需求。企业只有将生产建立在互联互通的商品交易上，加强企业运行信息的汇总和客户需求的汇总，提高供应链运营效率，才能提高供应链绩效。

3. 增强供应链节点企业社会责任意识

企业担负的社会责任将对供应链绩效产生积极影响。因此，有必要积极倡导供应链节点企业履行社会责任。除了使用各种法律法规加以限制外，政府也可以通过优惠政策和舆论导向等来促使企业担当社会责任。激发企业高层及中层管理者的社会责任感可以提高企业绩效；激发管理者履行责任的内在动力，全面提高节点企业及员工的社会责任承担能力和社会责任感，可以提升供应链整体绩效。

4. 以平台战略为指导推进供应链协同管理

平台战略作为互联网技术发展的产物，对信息化水平具有较高要求。平台战略需要运用最新的信息技术对供应链流程进行整合,实现企业资源的最优分配,最终达到供应链物流、商流、信息流、资金流的完美融合,在供应链全渠道实现信息即时沟通和信息共享。供应链协同管理的终极目标是实现供应链整体的利益最大化。将平台商业模式与供应链管理进行有机结合,是实现供应链商业模式创新的重要方向。现代供应链通过信息共享平台,实现信息协同和业务协同,从而提升供应链整体绩效。

8.2 现代供应链风险管理

8.2.1 现代供应链风险的内涵

供应链风险(Supply Chain Risk)是一个较新的概念,国内外学者从各种角度进行了定义。本书作者结合不确定性,脆弱性以及 Kaplan 和 Garrick 的三元理论给出的定义如下:供应链在其运作过程中受到系统内外部不确定性因素的影响,导致有害事件的发生并由此导致供应链的正常运作偏离预定目标,从而受损和导致供应链脆弱的可能性。

1. 现代供应链风险的特性

(1) 客观性和必然性

供应链风险是不以人们的主观意志为转移的客观存在,即使发生的频率低,但也具有某种客观的规律性和必然性。无论是自然界的物质运动还是社会的发展规律,都是由事物的内部因素所决定的,不以人们的主观意志为转移。如地震、洪水、海啸、战争、瘟疫、意外事故等。同样,供应链存在于自然和社会环境当中,受到事物客观发展规律的影响,风险是客观存在的,不可能彻底消除,我们只能尽力提高其可预知性并采取措施使其降低。

(2) 传递性

传递性是供应链风险最显著的特征,也是由供应链自身组织结构所决定的。

由于供应链从产品开发、原料供应、生产制造到流通过程,由多个节点企业共同参与,根据流程的时间顺序,各节点的工作形成了串行与并行同时存在的混合网络结构,其中某一项工作既可能由一家企业完成,也可能由多家企业共同完成。各环节环环相扣,彼此依赖和相互影响,任何一个环节出现问题,都可能波及其他环节,影响整个供应链的正常运作。

这种传递性是指供应链风险利用供应链系统的联动性，在供应链节点企业之间的传递，给上下游企业以及整个供应链带来危害和损失。如最具代表性的牛鞭效应就是由需求信息风险在供应链上传递引发的，又如上游原材料供应商供货不及时或缺货，将直接影响下游制造商的生产，也间接影响了末端的销售，风险从上游企业一直传递到下游各节点企业。

(3) 多样性和复杂性

供应链从构建起就面对许多风险，它不仅要面对单个成员企业所要面对的风险，如财务风险、人力资源风险、赊销风险等，还要面对由供应链的特有组织结构决定的企业之间的合作风险、道德信用风险、企业文化风险、信息传递风险及利润分配风险等。因此，供应链风险相比于一般企业的风险，类型多、范围广，也更为复杂。

(4) 此消彼长性

供应链中的很多风险是此消彼长的，一种风险的降低会引起另一种风险的提高。这可以从两个方面来解释。

第一，从整体来讲，把供应链看作一个大企业群，企业内一种风险的降低会导致另一种风险的提升，如营运风险和中断风险。例如在"非典"的影响下，许多厂商均启动紧急应变措施，要求上游供应厂商提高库存，以确保供应链不会中断，减少了中断风险，但应变措施的启动，也相对提升了产生跌价损失的风险。又比如，有些企业为了加强与供应商的长期战略合作，减少交易成本，可能会选择比较少的供应商，而这无疑增加了供应中断风险。

第二，供应链系统内各节点企业风险的此消彼长性，即一家企业风险的降低可能会导致相关企业风险的提高。如制造厂商为了降低自身的库存风险，要求上游供应商采用JIT方式送货，而这必然导致上游供应商送货成本、库存的增加，即制造商库存风险降低某种程度上是以供应商库存风险提高为代价的。

(5) 可控性和危害性

可控性是指企业对供应链系统实施监控和管理，可以防止不确定事件的发生。由于一些不确定性因素的影响，供应链系统给企业带来损失的可能性就是危害性。

因此，在研究供应链风险，加强对供应链风险的控制时就要充分考虑风险的相互影响性，对此消彼长的风险进行权衡，以确保供应链整体风险最小。

2. 现代供应链风险的分类

供应链本身是一个多参与主体、多环节的复杂系统,在选择供应链风险分类依据上完全可以参照系统论的思想,将供应链风险分成供应链系统内部风险和供应链系统外部风险。其中系统外部风险多是由不可控制的外部环境因素造成的,可将其视为不可控制的风险,只能提前采取一些防范措施去适应,尽量减少损失;系统内部风险是由内在因素引起的,可以通过内部协调和控制来降低。具体分类见表 8 – 2。

表 8 – 2　供应链风险分类表

供应链系统外部风险	供应链系统内部风险
自然环境风险、社会环境风险、经济环境风险、政策法律风险、市场环境风险	网络结构风险、文化冲突风险、合作伙伴能力风险、利益分配风险、信息风险

3. 现代供应链风险管理基本框架

Richard Brenchley 曾经提出一个供应链风险循环管理的框架,本书在此基础上又提出一个新的框架。二者分别见图 8 – 5 和图 8 – 6。

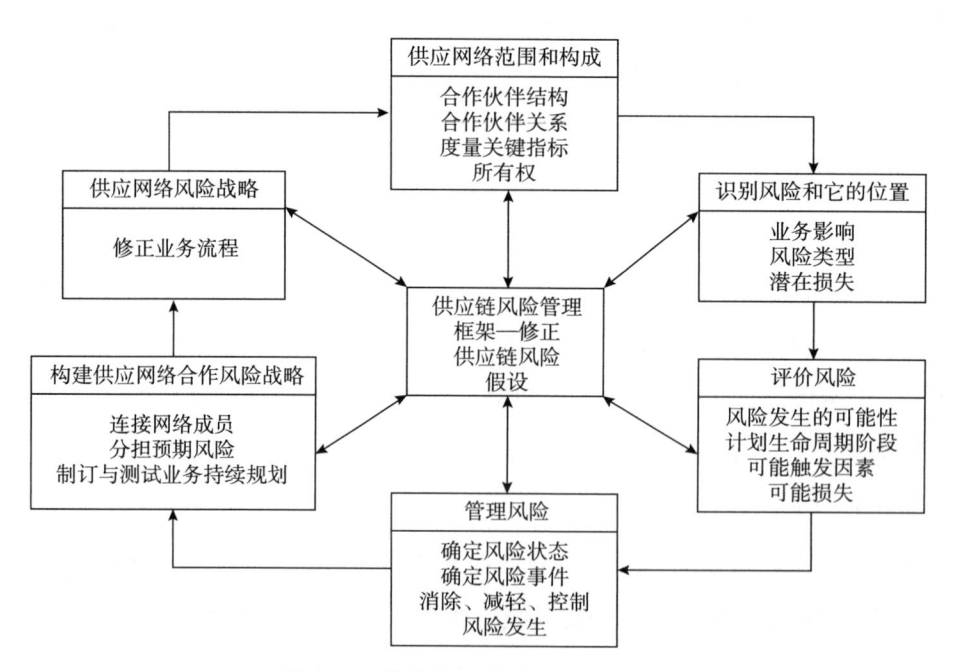

图 8 – 5　供应链风险循环管理的框架

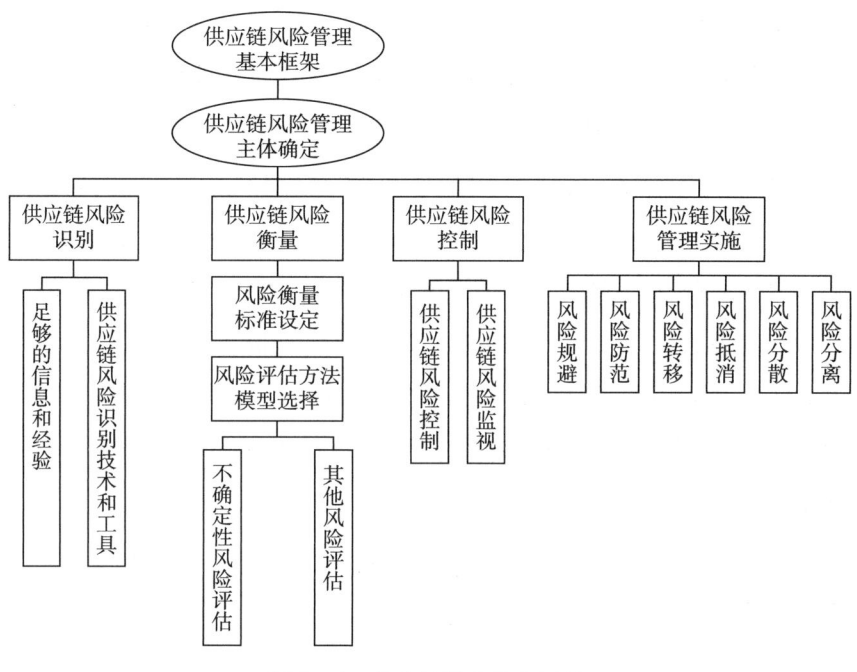

图 8-6 供应链风险管理框架

8.2.2 现代供应链风险识别

1. 现代供应链风险识别评述

目前国内外对于供应链风险识别并没有确切定义，但供应链风险识别无疑是进行供应链风险管理的基础性工作。

按照国内学者张存禄的描述，供应链风险识别是在分析供应链的各个过程环节、在每一个参与主体及其所处的环境基础上，找出可能影响供应链的风险因素，掌握每个风险事件的特征，确定风险来源及其相互关联。供应链风险识别要考虑供应链管理的计划目标，需要足够的信息和相关经验来源，因此本章接下来将会介绍有关信息源的内容。

供应链风险识别需要的资料信息：一般环境信息、市场和供应链伙伴信息、物流环境信息、企业供应链管理历史资料信息、企业供应链管理计划与战略文件信息。

2. 现代供应链风险识别技术和工具

（1）风险核对表

企业风险核对表分为两类：一是风险核对总表；二是风险核对明细表。风险核对总表反映企业某一阶段总的风险状况，风险核对明细表则反映某一种风险的具体信息。

风险核对表的提交时间是在每一个风险监控阶段的期末,以反映当前阶段的风险状况。而风险监控阶段的长短则根据企业的生命周期或决策者对风险监控的要求来确定,可以是一个工作日,也可以是一周或一个月。

另外,企业风险核对表还包括两类辅助表,即风险识别表和风险调查表。风险识别表是风险核对表的基础表,其主要的作用在于对企业所面临的风险的识别和分类,并给出针对各种风险的评价方法,从而使风险评价和风险监控有据有理可循。风险调查表则用于收集企业各伙伴(或任务团队)的具体风险信息。就风险核对表各部分所反映的内容来说,风险识别表是一种静态表,而风险核对总表、风险核对明细表以及风险调查都是一种动态表。这四张表的基本功能及相互关系可以用表8-3表示,表8-4则直观地给出了风险核对总表。

表8-3 风险核对表综述

表格	类型	提交时间	功能
风险核对总表	动态表	每一个风险监控阶段的期末	反映本阶段各种风险的总的状况
风险核对明细表	动态表	每一个风险监控阶段的期末	反映本阶段各种风险的详细信息
风险识别表	静态表	企业运行前的风险监控	风险识别、分类及风险评价方法确定
风险调查表	动态表	每一个风险监控阶段的期末	收集各个伙伴本阶段的风险信息

资料来源:张存禄,黄培清. 供应链风险管理[M]. 北京:清华大学出版社,2007.

表8-4 风险核对总表

核对项	工期风险	成本风险	质量风险	技术风险	投资风险	协作风险	人员风险	……
伙伴1								
伙伴2								
……								
风险总体评价								
风险总体变化情况								
风险预警提示								
风险控制措施								

资料来源:张存禄,黄培清. 供应链风险管理[M]. 北京:清华大学出版社,2007.

（2）故障树法

故障树法又叫事故树法，是由上往下的演绎式失效分析法，利用布林逻辑组合低阶事件，分析系统中不希望出现的状态。它是被广泛使用的一种分析问题的方法。故障树法利用图解的形式将大的故障分解成若干小的故障，或对各种引起故障的原因进行分解。由于某种原因，分解后的图形呈树枝状，因而这种方法被称为故障树法。在对供应链风险进行识别时，故障树法可以将整个供应链所面临的主要风险分解成若干细小的风险，也可以将产生风险的原因层层分解，排除无关因素，准确找到真正的风险及其存在的原因。如运用故障树法对供应链的销售风险进行识别分析，见图8-7。

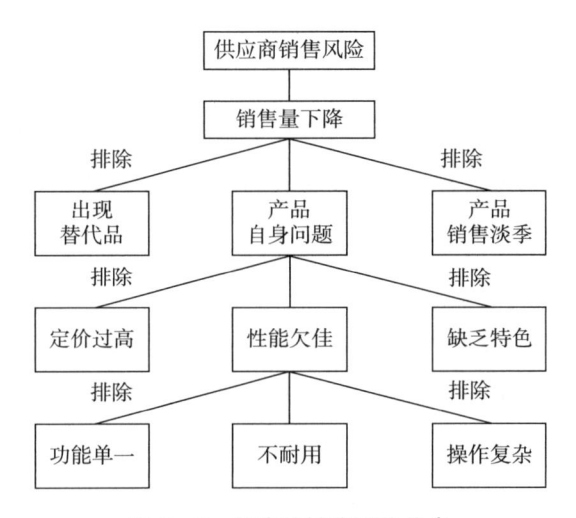

图8-7 供应链销售风险分类

（3）供应链运作参考模型

有关SCOR模型，本书第7章已有详细描述，在此我们主要探讨如何基于SCOR模型对供应链风险进行识别。

结合SCOR模型，企业的供应链风险管理人员可以仔细分析识别供应链可能面对的环境风险、结构风险、行为主体风险，可以深入每一层细分流程中识别供应链中的风险——成本风险、协作风险、人员风险等。

利用SCOR模型识别供应链风险有以下几种情况。

①环境风险识别。SCOR模型的第二层次标准配置了基本流程的所有活动，可以将这些活动画在以地理分布图为背景的图上，这样便于分析供应链所在各地区的气候环境、政治法律形势、经济社会状况、自然灾害因素和物流环境等。这种方法尤其适合那些规模较大的跨国性供应链风险识别。

②供应链参与主体与协作风险识别。根据 SCOR 模型的第三层次规定的标准流程元素定义和细化的流程图,可以针对不同供应链参与主体之间不能很好地协调作业的风险因素,画出相关图形,明确相关协作关系,分析其中风险,以发现供应链上的薄弱环节。

③供应链结构风险识别。通过 SCOR 模型的一系列规范化的图形可以仔细分析 SCOR 模型描述的供应链分布与结构。其中包括的问题可能会有:配送中心、制造厂等节点的选址是否合适,仓库系统是过于集中还是过于分散,供应商的数量和分布是否合适,配送渠道的分布是否和目标市场一致,等等。在确定供应链关键路径的基础上,要重点关注关键路径上的相关主要风险。

④供应链流程风险识别。借助于层层分解的 SCOR 模型,供应链风险分析人员可以深入分析运作流程的不合理之处,确定风险所在。在这方面已经有学者进行了尝试,如我国的马林按照 SCOR 模型第一配置层中的计划、采购、制造、配送和退货五个流程进行了供应链风险的识别研究。

(4) 数据挖掘方法

数据挖掘(Data Mining)是从大型数据源中提取人们感兴趣的知识的一种分析方法,这些知识是隐含的、事先未知的和潜在有用的重要信息。数据挖掘汇集了来自机器学习、模式识别、数据库、统计学、人工智能及管理决策系统等各学科的成果,至今仍处于快速变化与发展中。数据挖掘的分类是一个两步过程:第一步,建立一个模型,描述预定的数据集,通过分析由属性描述的数据库元组来构造模型;第二步,使用模型进行分类,首先评估模型(分类法)的预测准确率,如果认为模型的准确率可以接受,就可以用它对类标号未知的数据元组或对象进行分类。

利用数据挖掘方法对供应链风险进行识别主要体现在两个方面:一方面,可以用趋势分析法和序列模式挖掘法进行识别,前者是根据时序数据来估计未来的供应链风险形势,后者是根据序列数据来挖掘相对时间出现频率高的数据,比如引入新的供应链,合作开始一年内发生供应链风险的概率较高;另一方面,可以用来提取供应链参与主体与其行为表现高度相关的特征,这些特征可以作为识别供应链风险的参考因素,也可以用来展现同类型供应链风险事件共同的特征和相关因素。

8.2.3 现代供应链风险衡量

1. 现代供应链风险衡量的概念

（1）供应链风险衡量

对于供应链风险衡量的研究大多是对供应链可靠性的风险评估。丁伟东（2003）研究提出的供应链可靠性评估矩阵，共有四个步骤：

①选定评估因素，构成评估因素集；

②根据评估的要求，划分等级，确定评估标准；

③对各风险要素进行独立评估，得出评估矩阵和权重矩阵；

④进行数学运算，计算出评估结果。

供应链风险衡量是在风险识别及影响因素分析的基础上，构建评价指标体系，选择一定的方法建立模型，计算出供应链总体风险水平及各类风险的大小，为下一步风险处理及防范奠定基础。它是供应链风险管理的核心步骤。

（2）供应链风险衡量标准

根据我国学者张存禄的观点，供应链风险的衡量标准也就是供应链风险控制的预期目标，是根据供应链的计划目标和供应链的绩效指标确定的。而供应链绩效评价体系作为实务界和理论界关注的重要问题，还没有形成一致的风险衡量标准。在这种供应链目标不清楚、绩效指标不完善的情况下，如何科学地选择系统化的、方便实用的供应链风险衡量标准就成了一个很值得研究的问题。

在确定供应链风险的衡量标准时应当遵循如下基本原则：

①结合企业的运营目标、供应链的计划目标；

②标准水平要同期望的目标客户服务水平相一致；

③标准水平要同企业目前的管理水平、设备水平相一致；

④符合企业自身供应链活动流程，便于计算。

供应链风险衡量标准与供应链绩效评价标准相关，但二者不完全相同。风险衡量关心的是把运行结果与管理目标的偏差控制在一定范围内，而绩效评价关心的是以最佳表现实现管理目标。供应链风险衡量标准可以从质量风险、时间风险和成本风险三大方面进行设置，这同时也符合供应链管理的基本目标，下面的表格清楚地就这三方面及相关的绩效评价指标进行了描述。

表 8-5 供应链风险衡量标准与相关绩效评价指标描述表

供应链风险衡量标准	相关绩效评价指标
质量风险衡量标准	订单完成率、破损率
时间风险衡量标准	订单完成率、准时发货率、前置期、响应时间等
成本风险衡量标准	供应链总成本、作业时间成本、单位生产率、资产利用率等

(3) 供应链风险衡量分类

根据供应链风险评估人员掌握的信息的不同以及供应链风险事件本身的特征，对供应链风险的衡量可以分为确定型评估、不确定型评估、随机型评估、客观评估和主观评估。

①确定型评估。假定各种状态出现的概率为1，只计算和比较各种方案在不同状态下的后果，以此挑选出不利后果最轻的方案。在供应链管理中，可以选择不同的供应商、不同的运输方式、不同的配送路线、不同的库存水平，管理人员可以根据产品价格、运输费率、道路里程、保管费用等计算供应链的成本，选择总成本最小的方案。另外，敏感性分析也被用于确定型评估当中。确定型评估不是供应链风险评估要讨论的重点。

②不确定型评估。主要是针对不知道发生概率或不知道发生后果、不知道强度和形成机理的风险，重点是降低不确定性和不可预知性。

③随机型评估。供应链管理人员不仅知道有哪些状态出现，还根据历史资料知道它们出现的概率。评估的主要内容包括选定风险的计量标度、确定事件发生的概率、计算概率事件各种后果的数值、确定评估数值的变化范围和限定条件。

④客观评估。主要是依据客观概率进行评估。客观概率是根据供应链管理的统计数据计算出来的，比如一个连续经营的企业，供应链的运行有明显的重复性特征，利用积累的统计资料尤其是管理信息系统存储的大量资源，进行供应链的风险评估是非常可行的，计算结果的依据是客观的、不以管理人员的意志为转移的。当然，客观评估也有其不足之处，那就是它不能反映新出现的风险因素，不能反映供应链发生的新变化可能面临的风险。

⑤主观评估。依据主观概率进行评估，它是有经验的供应链管理人员（或专家）利用自身的知识、经验和技能，利用较少量信息创造性地分析判断的过程。根据风险事件是否发生的个人判断，用一个0到1之间的数来表示事件发生的概率，便是主观概率的表现形式。主观评估的缺陷是评估结果容易受得到管理人员个人偏好、能力水平等的影响，从而出现相应的偏差。

2. 不确定性的现代供应链风险评估

不确定性风险在供应链管理中是普遍存在的，也是供应链风险管理的难点。因此，对待不确定性风险，应当采取适当的方法进行分析和处理，主要包括：信息分析、逻辑推理、主观估计、部分估计以及模糊评估。这里主要介绍两种常用的不确定性风险评估的方法。

（1）不确定性风险的模糊评估方法

L. A. Zadeh（1965）首次提出模糊集合的概念，模糊数学也是由此发展起来的。模糊集合理论经过几十年的发展，目前已在综合评估与决策、模糊规划、模糊可靠性分析、模糊控制等领域得到了广泛的应用。模糊综合评价法是一种综合评价方法，是基于模糊数学的评价方法，特点是思路清晰、系统性强，能够较方便地解决不能量化的问题，适合解决不确定性问题。用该方法评价供应商，能够全面考虑到实际过程中的中间过渡情况，将定性评价指标转化为定量评价指标。

针对不确定性供应链风险，把专家的主观估计与模糊变换相结合，这需要实现两次模糊变换。第一次变换是通过风险因素模糊隶属度矩阵实现从模糊因素评判集到风险因素可能发生水平的变换；第二次变换是通过风险因素与目标风险之间的模糊关系矩阵实现从风险因素到风险水平估计的变换。下面结合一个例子来说明风险模糊评估方法。

A 公司拟对遍布全国的冰激凌产品供应链网络进行重新设计，在某中心城市新设配送仓库，负责向周围地区供货。面对即将到来的销售旺季，需要估计可能的产品供应短缺风险。假定 A 公司缺少历史性统计数据，故用模糊评估方法来计算其风险水平。

第一步，建立风险因素集 U = $\{u_1, u_2, \ldots, u_n\}$。对于缺货风险，筛选可能导致缺货的主要风险因素，令：

u_1 = 原材料生产供应事故

u_2 = 配送运输延误

u_3 = 需求预测与发货调度失误

u_4 = 配送中心冷藏设备故障

u_5 = 自然灾害等自然环境因素影响

第二步，建立风险因素的评判集 V = $\{v_1, v_2, \ldots, v_n\}$。根据风险因素对供应链的影响大小，把风险因素模糊化为 5 个等级，即 V = {很小，较小，小，较大，很大}，为了便于定量计算，参照以往其他配送中心的风险水平情况，给这 5 个等级赋值为 V = {0.01, 0.02, 0.03, 0.04, 0.05}。

第三步，评估风险因素发生的可能性。请熟悉企业供应链运行情况的专业人员评估各等级风险因素发生的可能性，得到各等级风险因素的隶属度矩阵：

$$X = \begin{bmatrix} x_{11} & x_{12} & x_{13} & x_{14} & x_{15} \\ x_{21} & x_{22} & x_{23} & x_{24} & x_{25} \\ x_{31} & x_{32} & x_{33} & x_{34} & x_{35} \\ x_{41} & x_{42} & x_{43} & x_{44} & x_{45} \\ x_{51} & x_{52} & x_{53} & x_{54} & x_{55} \end{bmatrix}$$

有两种方法得到值。一种方法是请专业人士在下表相应的单元格中画圈，每一行只能画一个。将表格收集起来，累计第 i 行第 j 列的圈数为 K_{ij}，则：

$$X_{ij} = \frac{K_{ij}}{N}$$

其中，N 为参与评价的专业人员总数。

表8-6 供应链风险因素发生可能性评估表

	v_1	v_2	v_3	v_4	v_5
u_1					
u_2					
u_3					
u_4					
u_5					

资料来源：张存禄，黄培清. 供应链风险管理 [M]. 北京：清华大学出版社，2007.

另一种方法是请专业人员直接给出各种风险因素各等级可能的离散概率 P_{ij}，P_{ij} 满足约束条件：

$$\sum_{j=1}^{5} P_{ij} = 1$$

则 X_{ij} 为 N 个专业人员给的均值。采用第二种方法得到的供应链风险因素等级概率矩阵为：

$$X = \begin{bmatrix} 0.1 & 0.6 & 0.2 & 0.1 & 0.0 \\ 0.0 & 0.2 & 0.2 & 0.5 & 0.1 \\ 0.0 & 0.2 & 0.6 & 0.1 & 0.1 \\ 0.2 & 0.3 & 0.4 & 0.1 & 0.0 \\ 0.3 & 0.4 & 0.2 & 0.1 & 0.0 \end{bmatrix}$$

第四步，计算风险因素的可能发生水平：

$$U^T = X \cdot V^T$$

第五步，确定风险因素与目标风险之间的模糊关系矩阵：

$$F = [f_1 \quad f_2 \quad f_3 \quad f_4 \quad f_5]$$

这里依然综合专业人员的意见，确定上式各参数的值，其中 $0 < f_i < 1$，表示风险因素与目标风险之间的关联程度。本案例中确定的数值为 $F = [1.0 \quad 0.7 \quad 0.8 \quad 0.9 \quad 0.4]$。

第六步，计算供应链风险水平：

$$R = F \cdot U^T$$

$$U^T = X \cdot V^T = \begin{bmatrix} 0.1 & 0.6 & 0.2 & 0.1 & 0.0 \\ 0.0 & 0.2 & 0.2 & 0.5 & 0.1 \\ 0.0 & 0.2 & 0.6 & 0.1 & 0.1 \\ 0.2 & 0.3 & 0.4 & 0.1 & 0.0 \\ 0.3 & 0.4 & 0.2 & 0.1 & 0.0 \end{bmatrix} \cdot [0.01 \quad 0.02 \quad 0.03 \quad 0.04 \quad 0.05]$$

$$= \begin{bmatrix} 0.023 \\ 0.035 \\ 0.031 \\ 0.025 \\ 0.021 \end{bmatrix}$$

$$R = F \cdot U^T = [1.0 \quad 0.7 \quad 0.8 \quad 0.9 \quad 0.4] \cdot \begin{bmatrix} 0.023 \\ 0.035 \\ 0.031 \\ 0.025 \\ 0.021 \end{bmatrix} = 0.103$$

上面的计算基于各种风险因素相互叠加，在现实中，各种风险因素并不一定同时存在。假定风险因素不同时存在，采用查德算子计算如下：

$$R = F \cdot U^T = \max(f_1 \cdot u_1, \quad f_2 \cdot u_2, \quad f_3 \cdot u_3, \quad f_4 \cdot u_4, \quad f_5 \cdot u_5) = 0.025$$

在前面计算出风险因素水平的基础上，得出了最终的目标风险水平数值，这样也就构成了一个多级模糊评估模型算法。

（2）基于案例推理的风险评估方法

基于案例的推理（Case–Based Reasoning，CBR）是人工智能发展较为成熟的一个分支。CBR 方法基于人类的认知过程，其核心思想是：当求解问题时，在以前类似的求解问题的成功范例基础之上进行推理，而不必一切从头做起。一个典型的案例推理过程可以归纳如图 8-8。

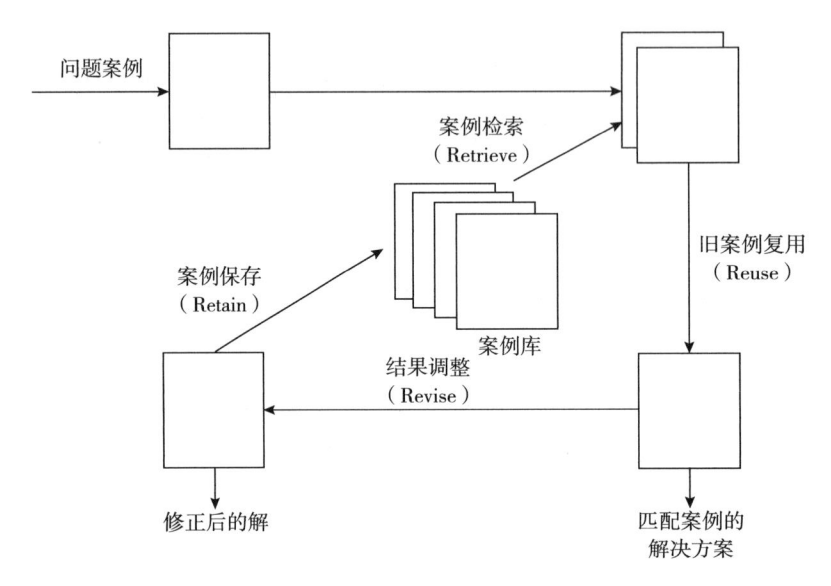

图 8-8 案例推理过程图

基于案例推理的风险评估方法大致有以下步骤：

①对发生的新供应链风险问题进行规范化描述；

②以新风险问题的若干特征为检索查询条件，从案例库中查找类似问题的案例；

③将最相似的案例作为样本，形成新风险问题的解；

④分析新旧案例的差异，识别新风险问题的新情况，修正得到的解；

⑤对新案例进行推理，将其添加到案例中。

供应链风险的案例推理工作流程见图 8-9。

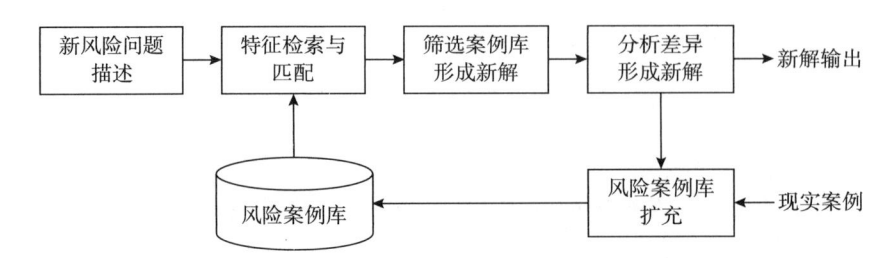

图 8-9 供应链风险的案例推理工作流程

3. 现代供应链风险衡量的其他方法

（1）层次分析法

用层次分析法来评估供应链风险，既可以评估整个供应链，也可以评估某一个节点。层次分析法的主要问题是，评估项选取和权系数选取的主观性导致整体评估结果的科学性受到质疑。Liu 等（2006）曾给出一个用层次分析法进行化工企业供应链风险评估的案例，其结构模型见图 8-10。

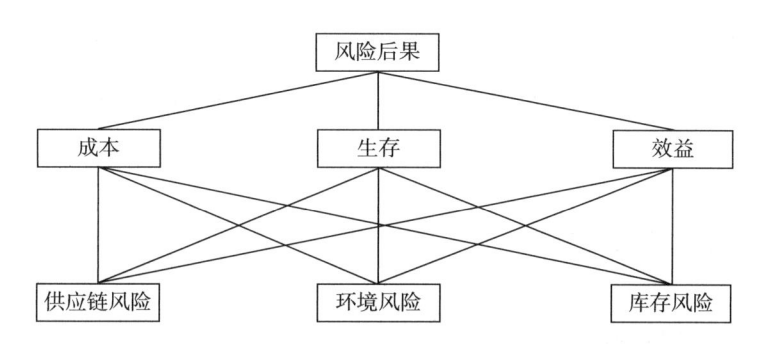

图 8-10 层次分析法的供应链风险评估结构模型

（2）决策树法

决策树法（Decision Tree Method）是一种用于解决风险型决策问题的基本决策方法。这种决策方法的思路如同树枝形状，因此被称为决策树法。决策树法列举所有可能的选择方案，每种方案可能的后果及后果发生的概率。用决策树法对不同方案的风险进行评估十分直观，便于企业管理人员理解。

（3）风险评审技术

风险评审技术（The Venture Evaluation and Review Technique，VERT）是专门为那些具有高度不确定性和风险性的决策问题而开发的一种随机网络仿真系统，VERT 起初运用于美国许多国防系统研制的计划管理和风险决策分析。由于具有科学性与准确性，现在 VERT 应用已扩展到风险投资和供应链管理等许多领域。

VERT 作为计算机模拟的随机网络仿真技术，首先建立与实际过程相对应的随机网络模型，将时间、费用、运行效果联系起来加以分析。供应链风险管理这三方面是密切相关的，正好可以应用 VERT 进行分析。这种高度仿真的计算机模拟技术解决了风险投资项目评估的多因素、多目标与模糊性等问题，可以为供应链风险管理提供强有力的支持。

(4) 数字仿真

供应链是一个复杂的、多个环节构成的随机系统,以往对供应链风险问题进行的解析过程往往是在严格假定与约束条件下,这就弱化了结果的实用性和通用性,因此,有必要在仿真设备上试验系统,包括建立、修改、复现系统的模型,这种实验过程称为仿真（Simulation）。近年来,由于计算机,尤其是数字计算机的迅速发展,十分复杂的系统的运动状态也能在计算机上复现,因此也有人将仿真定义为使模型在计算机上运转,并进行实验的过程。总之,仿真是进行系统分析、研究、设计和训练操作人员的一种不可缺少的手段和方法。关于供应链的仿真研究有比较多的文献,而关于供应链风险分析方面的仿真研究还不多,仿真方法的应用还有很长的路要走。

8.2.4 现代供应链风险控制

1. 现代供应链风险控制

供应链风险控制主要是对供应链的运行进行控制,并实施相应的风险处置策略。根据控制措施的实行与风险事件发生的先后,把供应链风险控制分为事先控制、事中控制和事后控制。

事先控制也叫主动控制、前馈控制,是指根据供应链风险识别的结果,事先采取措施防止风险的发生,并制订风险应对策略。很多组织采用的风险预警方法属于事先控制的范畴。优秀的供应链风险管理者,应该尽量早地预见风险,而不是坐视风险因素酿成后果再去采取措施应对。

事中控制也叫被动控制、保护性控制,是指密切监督供应链系统的运行,风险事件发生以后及时通知可能受到影响的各方,立即采取措施努力减轻风险造成的不良影响。应急管理就属于事中控制的范畴。如果发生未曾预料的风险,供应链风险管理人员需要紧急识别风险的特征,预判风险的进一步发展和可能产生的后果,确定风险应对措施并实施。如果风险的后果非常严重,可能要修改供应链的计划目标。

事后控制是指供应链发生后的善后工作,采取的措施称为改进措施。它主要包括四个方面的内容。

①根据合同约定或制度法规来追究相关责任人责任。若风险是供应链合作伙伴违约造成的,则追究合作伙伴的责任;若是由自然灾害造成的,则按照保险合同要求保

险公司赔偿损失。

②根据风险事件造成的后果分析供应链配置的问题，亡羊补牢，有针对性地改进供应链。

③分析供应链风险管理的得失和改进方向。

④整理风险处理过程中积累的资料，为以后的管理工作提供借鉴。

2. 现代供应链风险监视

当实际发生的风险与事先估计的不同时，就需要重新进行风险分析并制订新的风险规避措施。对于供应链风险的处理结果，风险管理者也需要进行评价，看看处理措施的效果如何，是否有需要改进和提高的地方，因此需要对风险因素的发展变化进行跟踪，并对风险处理建立反馈机制。

供应链风险监视属于事中控制的范畴，其目的有两个方面：一方面是监视供应链的运行，及时发现风险因素和风险事件，预测其对供应链的影响，并通知可能受到影响的各方启动风险防范预案；另一方面是监视评价风险应对措施的执行效果是否达到预期，获得反馈信息，为未来的供应链风险管理积累经验。

供应链风险监视涉及的内容非常多，大致可以分为两个大的方面：一是对供应链外部环境的监视，包括一般环境信息中的政治法律信息、经济社会信息、技术信息、自然灾害等，以及具体环境信息中的物流环境信息、采购市场与销售市场行情信息等；二是对工程质量、成本、客户服务、交付日期、供应商可靠性等方面以及工作状态异常的监视。风险监视不仅从结果上监视目标是否达到，还要深入过程之中，监视供应链的工作状态。风险监视需要监视的内容很多，要有重点地选择监视内容，依据风险状态对供应链的影响大小有区别地确定风险监视的等级，对不同等级的内容采用不同的监视方法。

供应链风险监视的方式是计算机信息管理系统、传统管理手段与供应链风险管理人员智慧的有机结合。风险监视需要的信息来源广泛，有的来自新闻媒体，有的直接来自企业的商业情报部门或者供应链的合作伙伴，有的来自供应链运作的统计数据。风险监视与企业管理信息系统的大多数子系统相关，如使用供应链计划子系统监控计划目标的偏差情况，使用合同管理子系统监控合作伙伴是否诚信履约，使用财务管理子系统查询应收、应付款项是否正常执行，使用营销管理子系统统计缺货与退货，使用客户关系管理子系统把握客户的需求，等等。

3. 一种现代供应链风险的事前控制方法——预警体系法

供应链风险预警系统是指以供应链外部信息和供应链内部运作信息为依据，通过设定一些明显的预警指标，观察这些指标的变化，监控供应链即将面临的各种风险，并提前报警，从而避免或减轻可能发生的损失。预警体系法属于事前监测和控制供应链风险的一种方法。

供应链风险预警一般具有以下功能：监视功能、诊断功能、校正功能和免疫功能。

供应链风险预警的基本方法有：主成分分析法（Principal Component Analysis，PCA）、计算机模拟方法、人工神经网络方法（Artificial Neural Network，ANN）、模糊综合评价法等。由于篇幅限制，在此不一一展开说明。

我国学者刘永胜于2006年提出通过建立预警指标体系来建立供应链风险预警机制的思想，并建立了供应链风险预警指标体系（见表8-7），为评价供应链风险提供了标准和尺度。

表8-7 一个供应链风险预警指标体系

目标层	准则层	要素层	指标层	计算公式及来源
供应链风险预警	外部风险预警	自然风险预警 社会风险预警	自然灾害综合影响指数、社会公共安全指数	利用历史数据，使用风险评估模型评估后得到
	内部风险预警	道德风险预警 技术风险预警 市场风险预警 资金风险预警 违约风险预警	供应链道德风险混合熵 技术符合指数 市场适应指数 资金可利用指数 合作关系指数	通过道德风险熵度量模型分析得到。 技术领先度、技术成熟度、技术难度、技术实用性和技术可得性的加权平均。 产品价格变动率、市场占有率、市场竞争密集度和销售效率的加权平均。 资金成本提高率与资金保障率的加权平均。 利益一致性、信任度、准时交货率、订货满足率的加权平均。

资料来源：刘永胜，白晓娟. 供应链风险预警指标体系研究 [J]. 物流技术，2006（10）：55-57.

8.2.5 现代供应链风险管理实施

供应链风险的客观存在和快速传播及其危害性，致使供应链风险管理备受瞩目。供应链风险管理能够面向供应链管理体系，有效集成供应链管理技术和风险管理技术，形成一种新型的风险管理体系。有效地处理各种供应链风险，必须围绕供应链风险管理目标，降低风险发生的概率，改变风险后果的性质，弱化风险后果的影响。一般来说，基于供应链风险因素，供应链风险管理应从风险防范、风险规避、风险转移、风险抵消、风险分散、风险分离等方面入手。

1. 风险防范

供应链风险管理的核心就是防范风险。防范就是在风险发生之前采取降低风险发生概率的行动，这是通过消除或减少风险因素来实现的。其实质是防患于未然，早期排除可能造成风险的因素。

为系统地防范供应链带来的潜在风险，建立供应链风险监测体系势在必行。供应链风险监测体系应能够及时识别各类风险的警情、警兆、警源及变动趋势，及时将监测到的风险信息准确地传播给每一个供应链成员，使供应链成员能够及时做好风险防范工作。供应链风险监测体系是整个供应链风险管理体系中一个重要的环节，有效的风险监测可以降低供应链的损失，即使不能完全规避监测到的风险，也能为供应链成员进行风险预警和风险控制创造条件。

2. 风险规避

风险规避是指在供应链风险发生的概率很大，或者风险事件一旦发生，造成的损失会很大时，供应链风险管理决策者主动放弃供应链目标或改变目标的一种风险自诊方式。由于这种自诊方式涉及对供应链的全盘否定，因此，在采用风险规避方式之前必须对风险损失有一个正确的估计。

在供应链风险管理中，掌握规避风险的方法是非常重要的。企业要注重风险评估。风险评估是在风险识别的基础上寻找风险致因，了解风险特征，估计风险对供应链的影响。供应链规模较大，企业很难从整个供应链角度来度量风险，往往通过对一个风险因素进行分析来制订风险管理标准。企业要及时发现供应链运行过程中的风险，并及时进行控制，避免影响供应链的正常运作。企业应当合理实施供应链管理，加强供应链管理经验交流，把重大风险管理纳入企业战略管理体系，规避经营风险，从而提高竞争力，实现合作各方共同稳定发展。

3. 风险转移

风险转移指的是在风险事件发生时将损失的一部分或全部转移给供应链之外的第三方，有保险转移和非保险转移两类方法。采取风险转移的方法，尽量让最有能力的风险承受者分担,而且必须让承受者得到一定的利益。企业可以通过将部分非核心业务外包的方式将风险转移至其他企业,也可以和专业风险管理公司合作。

实践中,供应链生产源头和需求终点之间总会存在信息延迟,这种延迟导致反馈误解。供应链上的企业大多数依据相邻企业的需求进行决策,而并不探求其他成员的信息,使这种曲解从一点微小差异转变为巨大偏差。因此,如何得到准确及时的信息是供应链风险转移的重要因素。

4. 风险抵消

风险抵消是指将某些风险加以合并抵消,以降低风险损失。供应链的某一部分遭受了风险损失,可能会给其他部分带来收益,这会全部或部分抵消供应链整体的风险损失。如应用金融管理中的对冲方法降低供应链风险。

5. 风险分散

风险分散是指通过增加承受风险的供应链成员个数来均摊供应链整体风险,使多个成员共同承担风险,从而使供应链整体降低风险损失。在采取这种风险管理方式的同时,利润也会相应地分散。

供应链合作伙伴选择是供应链风险管理的重要一环,一方面要充分利用双方的互补性以发挥合作竞争优势;另一方面也要考虑伙伴的合作成本与敏捷性。只有加强伙伴间的沟通和理解,使供应链上的伙伴坚持并最终执行整条供应链的战略决策,供应链才能真正发挥成本优势,占领更多的市场份额。

6. 风险分离

与风险分散使多个供应链成员共同承担风险不同,风险分离是指将各风险隔离,以避免发生连锁反应或互相牵连。风险分离的目的是将风险局限在一定的范围内,即使风险发生,所造成的损失也不会波及风险控制范围之外。

此外,在供应链风险管理实施过程中,节点企业成员间的信任是供应链赖以生存的基础,但是没有监督的信任却是形成供应链风险的最佳土壤。因此,可以通过专业风险管理公司建立并完善企业成员间的信任和监督机制,以降低供应链结构成本,减少内部交易成本,促使伙伴成员以诚实、灵活的方式合作,并使供应链管理层通过不同渠道验证信息的客观性,得到清晰和没有失真的信息,降低成员企业在信息不完全情况下做出错误判断或决策的可能性。

8.3 现代供应链成本控制

8.3.1 现代供应链成本控制及其维度

供应链成本（Supply Chain Cost）是指供应链运转过程中由物流、信息流和资金流引起的成本以及供应链整合过程中产生的机会成本和整合成本。Tim、Milena 和 Yuan（2002）从合作供应链管理的角度将供应链成本分为两大类。

①系统所有者的总成本。包括系统执行和整合成本、过程协调和整合成本、数据转化和整合成本。

②合作的机会成本。包括不稳定合作关系的成本和变换合作伙伴的成本。

Tim、Milena 和 Yuan 主要强调信息系统支持对供应链整合和管理的重要作用。除此之外，我们还可以从价值链增值角度等对其细分。

1. 二维维度

Cooper 和 Slagmulder（1999）基于供应链管理思想将供应链成本控制分为产品和关系两个维度，并根据生命周期成本管理的思想将每个维度具体划分为构建和运营两个阶段，见图 8-11。

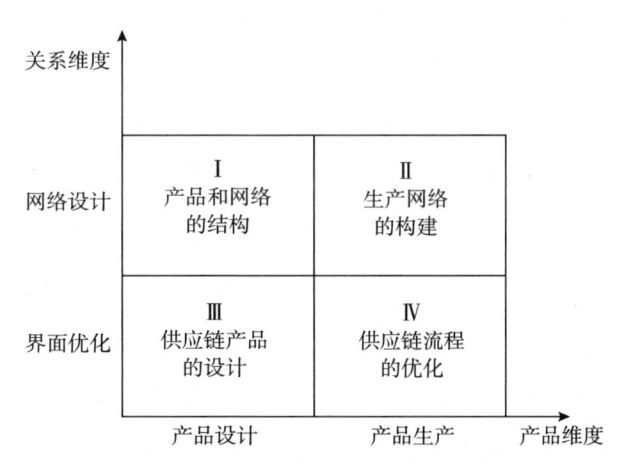

	产品设计	产品生产
网络设计	Ⅰ 产品和网络的结构	Ⅱ 生产网络的构建
界面优化	Ⅲ 供应链产品的设计	Ⅳ 供应链流程的优化

图 8-11 供应链成本分类二维模型

2. 三维维度

Stefen Seuring（2004）进一步将成本的三个组成部分加入产品-关系二维分析框架中，得到供应链成本控制的三维分析模型。三维模型进一步提出了要在不同成本内容之间进行统一筹划与权衡的要求,见图8-12。

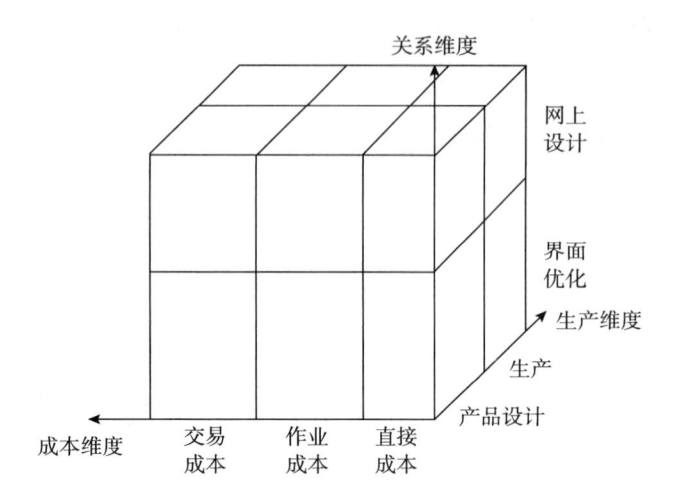

图 8-12 供应链成本控制三维模型

3. 四维维度

殷俊明、杨政等(2014)将供应链成本管理的集成工具和拓展范围两两组合,形成四个实务维度。作业成本法按集成空间范围的不同形成总拥有成本法和协同价值链分析法,目标成本法按集成时间范围的不同形成跨组织成本管理法和改善成本法。

第一,总拥有成本法(TCO)。总拥有成本法以作业成本法为主要工具,将成本管理的链条向外延伸到与供应商有关的外部作业。总拥有成本法的提出是为了解决外包过程中供应商的选择问题,要求在选择供应商时以购买方支付的与该项交易有关的全部成本为决策依据。总拥有成本是从某一供应商处获取和使用货物或服务的全部成本,包括有关采购活动的交易成本(如订购、运输、质量控制)、使用成本以及质量不合格导致的相关成本(如退货、返工、担保)。运用总拥有成本法的成本决策摒弃了传统比价采购的简单方法,综合考虑拥有和使用的全部成本,尤其注重购买交易前后的所有相关成本。Woutersetal(2005)发现采购经理利用总拥有成本法评估外购成本可以提高决策效果。总拥有成本法从购买者角度出发,将传统外购成本扩展到与特定供应商有关的所有作业成本,可以作为对供应商和采购行为评价与决策的依据。

第二,协同价值链分析法(CVCA)。协同价值链分析法的核心是在整个供应链范围内寻找其成本动因与结果,并从整个产品供应链进行价值优化和集成管理。与总拥有成本法一样,协同价值链分析法也以作业成本法为基本工具。尽管相对于传统作业成本法，总拥有成本法的成本计算和动因分析也超越了单一企业边界，超越了单一企业进行成本集成管理，但它仍是单纯从采购方角度出发，没有考虑整个供应链成本的优化。总拥有成本法仅仅从投入端出发，没有涉及产出端的价值分析，进而忽视了成本与价值的权衡关系。针对总拥有成本法的局限，Dekker（2003）提出了以作业成本法为基础，从整个产品供应链进行价值分析的管理工具——协同价值链分析法。傅元略（2004）提出基于价值流的战略管理会计方法，其核心思想与Dekker（2003）一致。协同价值链分析法将作业价值分析从单一企业扩展到整个供应链，从而在整个供应链范围实现作业动因、成本发生和产品价值形成的综合权衡和整体优化，其实质是跨组织的作业成本和价值分析。

第三，跨组织成本管理法（IOCM）。与Dekker（2003）主张通过价值链分析协调供应链上的各项作业和成本优化的思想不同，另外一些学者以目标成本法和价值功能分析为基础构建供应链成本管理工具，提出跨组织的目标成本管理概念，即让供应链中伙伴成员（尤其是供应商）参与终端产品设计和成本规划，从而在产品形成的早期让供应链成员共同规划和控制产品成本。跨组织成本管理法的核心要件是目标成本法。传统目标成本法用于单一企业的产品设计和成本规划，通过将目标成本值在内部各部门进行分解而实现组织内跨部门价值管理。在供应链环境下，产品实际上不再是终端企业"独有产品"，而是整个供应链的"合作产品"。因此，在设计阶段就需要联合供应链成员设计产品功能并对目标成本进行规划，将产品总目标成本在供应链范围内分解，进行多阶段和多组织的成本优化和集成管理，形成供应链目标成本传导和压力反馈机制。

第四，改善成本法（KC）。改善成本法也叫Kaizen成本法，kaizen是持续改进的意思。改善成本法主要用于设计完成后的量产阶段，即产品设计完成后为降低成本而不断进行的流程改进。改善成本法最早应用于企业内部，随着产品分工的发展，其被用于整个供应链。尽管单期成本节省额有限，但运用改善成本法长期累积，效果显著，尤其是对一些生命周期长的产品，改善成本法甚至是供应链成本管理的主要形式。改善成本法由核心厂商发起，向主要供应商推广，各方就生产环节的某些具体问题进行交流，从而改进质量和降低成本。改善成本法通过持续地改进制造链的各关键工序，使总体生产成本不断降低。改善成本法不再只是一种成本技法，更代表了持续改进、协同合作的供应链精益运营和成本改进文化。

8.3.2 现代供应链流程环节成本分析

供应链成本分析的目的是通过控制和管理供应链成本使公司在不断变化的全球市场上获得竞争优势。供应链包括满足消费者直接和间接需求的所有环节。在不同环节之间有持续不断的信息流、产品流和资金流。供应链每个环节都执行不同的程序,并与其他环节相互作用与影响。本书采用流程环节法,通过分析每一个阶段与环节发生的成本形成供应链的总成本。

1. 现代供应链流程环节

任何一条供应链都可以分解为 4 个环节(Sunil&Peter,2001),即客户订货环节、补充库存环节、生产环节和获取环节,且每个环节将出现在供应链中两个相继阶段之间的界面处,见图 8-13。

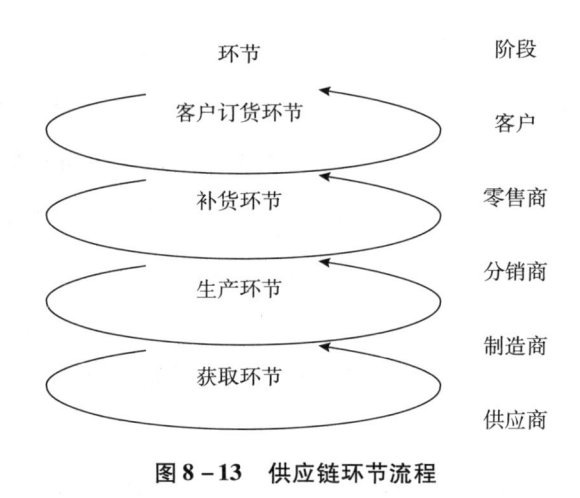

图 8-13 供应链环节流程

2. 现代供应链流程环节成本分析

(1) 客户订货环节

客户订购环节发生在客户与零售商之间的界面上,包括客户抵达、订单提交、订单确认、收到商品。在这一环节,客户可以直接去超市或通过网络及电话订货,零售商按照客户的订单配送商品,完成发货,客户收货付现。

成本分析:为了方便客户订货和及时检查库存,零售商通常会构建自己的信息管理系统,进行信息的收集和分析,由此便产生了信息成本。信息成本包括信息系统的购买成本以及维护使用成本。同时,零售商需要人力、物力来进行订单处理工作,由此产生了订货管理成本。零售商为了交货,需要从库存商品中找出相应的产品,进行包装，直接交给或邮寄给客户，这一过程产生包装成本、邮寄成本（管理成本）。发货后，商品的库存减少，零售商根据库存数量及时补充库存，导致库存成本发生。与此同时，零售商收到现金或支票，产生了现金流。就客户而言，发生的成本是其收货时的支出，这也是整个供应链的收入。

（2）补充库存环节

补充库存环节发生在零售商与分销商之间的界面上。在这一环节中，首先零售商需要确定是以经济批量订货还是以其他方式补充存货，其目的是权衡产品供给水平和成本，以实现利润最大化。当分销商收到订单时，需要对零售商所订购的商品进行备货并及时将商品交付给零售商。

成本分析：零售商在订货时，为了减少总成本，通常采取经济批量订货方式。零售商以其认为合适的方式（通过网络或直接派人）进行订货时，须支付相应的网费或差旅费及其他与订货相关的费用，这一部分费用属于固定订货成本，是每次订购商品时产生的成本，不随订购规模的变化而变化。零售商收到所订商品，存储成本和仓库管理成本随即产生，同时须支付货款（现金、支票或分期付款方式）给分销商，产生了资金转移成本和购买成本。购买成本并不简单地指购买原材料或商品的成本，还包括购买前对所需产品的调查和确认费用，检查产品合格的费用以及残次品退回的成本等（Lisa M. Ellram，1993）。上述费用包含在供应链每个环节的购买成本中。分销商接到订单时，须对订单进行整理，由此产生了订单管理成本。当分销商交货时，须将货物运送到零售商处或零售商指定的仓库中，这个过程中产生了运输成本。在日益激烈的竞争中，零售商与分销商为了追求各自利益的最大化都需要信息管理系统，信息成本的产生便不可避免。

（3）生产环节

典型的生产环节发生在分销商与制造商（或零售商与制造商）之间的界面上，包括与更新分销商（或零售商）库存有关的所有过程。生产环节由客户订单、零售商或分销商补充库存订单引发，或者由客户需求与厂家产成品仓库中既有产品数量之间的差额启动。分销商根据所确定的订货方式，将订单交予制造商。制造商则制订生产计划并进行生产，在符合质量要求、降低成本的同时，按时交货。

成本分析：分销商将订单交予制造商，相应地产生订货成本。分销商收到货物，随即产生了存货成本和仓库管理成本。同时分销商须支付款项给制造商，这便产生了资金转移，其资金转移成本计入分销商账户中。制造商收到订单后安排生产，相应地花费了人力和物力，产生了管理成本。制造商进行产品生产时，有原料、工人薪金等各项费用支出，这些都包含在产品成本当中。制造商通过运输将产品送达分销商手中，运输成本也要入账。

(4) 获取环节

获取环节发生在制造商与供应商之间的界面上。在这一环节，制造商从供应商那里订购原料，以补充原料库存。原料订单取决于生产安排，原料需求量可以精确计算出来。因此，将供应商与制造商的生产计划联系起来非常必要。首先，制造商根据自己的生产计划向原料供应商发出订单。供应商根据订单安排生产并将原料按时送达制造商手中。制造商收到商品，并更新库存记录。

成本分析：从制造商订购原材料到按期收货，这一过程发生了信息成本、订货成本、采购管理成本、存货成本、仓库管理成本。制造商收货付款时，发生购买成本和资金转移成本。供应商接受订货会产生劳动力成本。交货时，供应商须将商品或原料运输到制造商处，产生运输成本，但与此同时，供应商的存货成本与仓库管理成本降低了。

3. 现代供应链成本核算中的三个层次

由以上分析可知，零售商和分销商的成本相似，主要为：订货成本、购买成本、存货存储成本、仓储成本、运输成本、管理成本、交易成本、资金转移成本和信息成本。制造商和供应商的成本除了包含上述零售商和分销商的成本外，主要有生产成本、财务费用和经营成本。

以前的供应链成本分析往往强调物流在供应过程中产生的成本，如存储成本、运输成本等。环节法加强了对信息流和资金流所产生的成本的分析。信息对供应链的运营至关重要，因为它为管理者提供了决策的基础。没有信息，决策者就无法了解客户的需要、库存数量以及何时生产更多的产品并运送出去。所以，构建以及维护信息系统所产生的费用，形成了信息成本，是供应链总成本中的重要部分。

在供应链的各环节之间都有资金的流动。零售商得到客户所付款项的一部分，同时将另一部分资金转移给分销商；分销商留下部分资金，同时将另一部分资金转移给制造商；制造商留下部分资金，同时将另一部分资金转移给供应商。这种资金转移成本将计入供应链成本中。

典型供应链"五阶段""四环节"中涉及的主要成本包括产品流、信息流和资金流引起的可见成本。在供应链中还有一些不能忽视的隐性成本，以往的物流成本和供应链成本分析中很少提到这些成本。如在供应链各个环节上都存在的一个问题，即如何在众多上下游企业中选择最佳的合作伙伴。如果放弃一个合作伙伴，而其替代者并不能给供应链带来最大利益，就会产生合作伙伴的选择成本。如果在已形成的供应链中经常改变合作伙伴，就会有伙伴转换成本和合作不稳定成本（由合作经常发生变化产生的成本）产生（Tim Mclaren，2002），本书作者将这些称为供应链的机会成本。因此，许多供应链厂商希望与其合作伙伴有长期的、稳定的合作关系，以减少合作伙伴选择和转移成本以及合作不稳定成本。

总之，供应链主要成本如下：订货成本、购买成本、存货存储成本、仓储成本、运输成本、管理成本、交易成本、资金转移成本、信息成本、生产成本、财务费用和经营成本，与供应链相关的机会成本和整合成本。

上述供应链成本可以归纳为三个成本层次：直接成本、作业成本和交易成本。这三个成本层次为分析和优化供应链成本奠定了基础。直接成本主要指生产成本；作业成本指与产品生产和交付相关的管理活动产生的成本，主要包括订货成本、购买成本、存货存储成本、仓储成本、运输成本、管理成本等；交易成本包括处理供应商和客户信息及沟通的所有成本，这些成本源自企业同供应链上其他企业的相互交流。

8.3.3 现代供应链成本控制特点

供应链成本控制在于通过管理供应链中的各个环节的成本，使企业更好地满足客户需求，使供应链系统的总成本最优。

与传统的成本管理相比，供应链中的成本管理具有以下特点。

1. 供应链成本控制范围由企业的生产领域向开发、设计、供应、销售领域拓展

传统的成本管理往往比较重视生产领域成本的控制，而将其他环节的成本视为因生产和销售产品而发生的额外费用。然而，随着科学技术的进步和市场竞争的加剧，生产成本在企业成本中的比重呈现下降趋势，而与产品相关的设计、供应、服务、销售、信息等引起的成本比重不断上升，甚至超过生产成本。

2. 供应链成本控制活动的整体性

供应链的整体性体现在企业自身流通环节的整合和与上下游企业间的整合两个方面。它要求企业必须在三个层次上权衡成本。

①战略层次。主要包括合作伙伴的评价、选择及仓库布局、数量和储存能力，以

及材料在物流网络中的流动产生的成本。

②战术层次。包括采购和生产决策、库存和运输策略,企业应根据市场需求组织生产,企业的产、供、销等经济活动都要适时、适地、适量,从而减少存货资金占用费用、仓储费用以及存货损失和价值损失。

③作业层次。指日常决策,如生产计划流程、估计提前期、安排运输路线等。

3. 供应链成本控制可以提高服务水平和降低供应链系统总成本

传统成本理论认为提高客户服务水平必然导致成本上升,而保证安全生产和经营必须依靠大量库存,因此传统成本管理的目标就是单纯地追求企业成本与服务水平之间的平衡。但在供应链系统中,改善服务和降低成本这两个目标可同时实现。一个典型的例子是美国国家半导体公司在两年的时间内关闭全球6个仓库,采取从新成立的中央配送中心向客户空运微型集成电路的做法,销售成本降低了2.5%,交货时间缩短47%,销售额增加了34%。

4. 供应链成本管理手段多样化

为了实现有效的供应链管理,要利用信息技术和供求信息在企业间的整合,建立客户关系管理系统(CRM)、供应链管理系统(SCM)、全球采购系统(GPM)和电子商务系统(E-commerce)等技术支撑体系,改善企业传统的业务流程,降低系统成本。

8.3.4 现代供应链成本控制方法

供应链成本管理内容是围绕供应链的成本进行估计、计划、控制和评价,远远超出了管理会计的范畴,创建了一套完整的新管理方法,如目标成本法、作业成本法和生命周期成本法等。

1. 目标成本法

Simchi(2013)、殷俊明(2010)、郑亮(2014)提出了跨组织的目标成本管理理论,认为核心企业可以通过联合供应链成员,将产品的采购、生产、销售等活动紧密结合来降低供应链总成本。目标成本法的流程主要包括三个部分。

①市场驱动型成本核算是确定产品的准许成本。这是产品在预期销售价格下销售,并且保证一定利润水平时所能发生的最高成本,准许成本是由目标销售价格减去目标利润得到的。用公式表示是:产品目标成本=售价-利润。

②确定产品层次的目标成本。

③设定产品包含的每个组件的目标成本。

购货方的目标成本决定了供应商的销售价格，购货方由此将自己面临的市场竞争压力转移给了供应商。这种压力为供应商成本降低工作指明了方向，其结果就是购货方与供应商合作，共同进行成本管理工作。正是因为这种合作对于目标成本法实施效果的重要性，使目标成本法真正成为一种跨企业成本管理的技术。目标成本法可以有效地激发和整合成员企业，提升供应链的成本竞争力。

2. 作业成本法

Cavinato（1992）提出全面降低作业成本的方法并基于此对供应链成本进行研究。Lalonde（1999）用所有权总成本法和作业成本法来整合供应链相关成本。Kaplan（1998）和冯黎（2013）提出将产品成本分为直接成本和间接成本两种，基于作业成本核算方法构建成本管理体系。Seuing（2001）、张建斌（2010）、宋研（2014）的主要思想是通过对直接成本、交易成本、作业成本进行管控达到降低供应链总成本的目的。

具体来说，作业成本法（Activity – based Costing）是将间接成本和辅助资源更准确地分配到作业、生产过程、产品、服务及客户中的一种成本计算方法。作业成本法是建立在两个前提之上的：①作业消耗资源；②产品消耗作业。

作业成本法的基本原理为：依据不同的成本动因（cost driver）分别设置作业成本库（cost pool），再以各成本计算对象所耗费的作业量为基础来分摊成本库中的作业成本，然后分别汇总各成本计算对象的总成本，见图8-14。

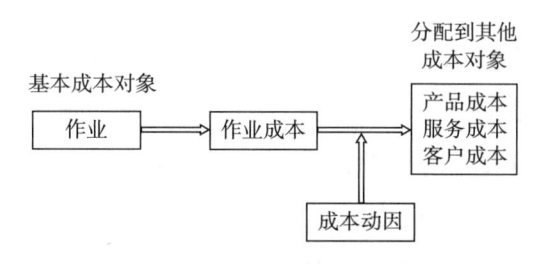

图8-14 作业成本的概念图

对直接费用的确认和分配，与传统成本计算方法并无差别，但对间接费用的分配依据作业成本动因，采用多样的分配标准，使成本的可归属性大大提高。传统的成本计算采用单一的标准进行间接费用的分配，无法正确反映不同产品生产中不同技术因素对费用的不同影响。

将作业成本法应用到供应链成本控制中，主要是因为随着科学技术的进步和市场竞争的加剧，生产成本在企业成本中的比重呈现下降趋势，而与产品相关的设计、供应、服务、销售、信息等引起的供应链间接成本不断上升，由此形成的成本数额甚至超过生产成本。

供应链作业成本法站在供应链的视角上，以作业和交易为基础分析间接费用来优化产品或服务的总成本。企业内部的间接成本以作业为成本动因进行分析，而企业间的间接成本（交易成本）就需要以企业间发生的各种交易行为如谈判、买卖等为基础进行分析。供应链上的企业可以通过作业成本法识别出那些与最终顾客的效用无关的作业，并通过减少或完全剔除这类无增值作业来降低成本，这样供应链上的企业就可以更好地对市场需求做出反应并增强自身的竞争力。

3. 生命周期成本法

目前，对于生命周期成本法研究者还没有形成统一的理解，大多依据 Blanchard 和 Fabrycky 的定义，即生命周期成本是指在系统的生命周期中与该系统相关的所有成本。在生命周期成本法系统中，产品使用者承担的成本（包括使用成本和周期结束成本）负责补充传统上由产品生产商承担的成本。除了考虑实物流程及相关物资和能源流动产生的成本外，还要考虑劳动力和使用知识（如专利）的成本以及交易成本（如信息流），例如，在生命周期中需要考虑产品的开发成本。

采用生命周期成本法，就可以确定产品开发、生产、使用、周期结束产生的所有成本，并据此识别生命周期和供应链中的成本驱动因素及其悖反关系，开发和生产最小总成本的产品。

上述成本控制和计量方法可以使蕴含在供应链营运活动中的复杂成本经过分解变得容易识别，管理者因此可以了解到供应链的哪一个环节或阶段成本增加了，是否需要改进。成本计量在利润分配和费用分担方面也起到重要的整合作用（Lalonde & Pohlen, 1996）。同时，它也为重要决策、成本削减提供了坚实的基础。更进一步说，供应链成本项目的计量可以使供应链中的成员看到竞争和获利的机会。

供应链成本控制是一种跨企业的成本管理，其视野超越了企业内部，将成本的含义延伸到整个供应链上企业的作业成本和企业之间的交易成本，其目标是优化、降低整个供应链上的总成本。

另外，在传统的供应链中，供应商、生产商、分销商和零售商通过独立的工作来优化各自的物流系统，各自关注各自的实物流和信息流。各企业为分销渠道中的其他企业制造各种问题和无效工作，从而给整个供应链系统带来额外的成本。为了削减供应链物流系统成本，还必须在有效客户反应（ECR）、快速反应（QR）等方面下功夫。

4. 目标成本法

张栋（2015）、曹曙（2015）、曾方平（2017）提出将目标成本法、作业成本法相融合，并应用于供应链成本管理的新方法。

作业成本法和目标成本法进行成本管控的核心思想以及目标一致，都是为了提高企业的成本管理能力和生产经营效率，减少非增值作业的发生。这两种成本管理方法在具体的实施过程中各有侧重：作业成本法侧重对事中和事后的管控，是一种局限于企业内部视角的成本管理方法；而目标成本法则通过预算各阶段的目标成本来控制企业的成本支出，尤其注重对事前成本的控制，是一种战略性的统筹全局的管理模式。同时，在企业具体的成本核算过程中，作业成本法对作业的划分要求较高，通常需要划分多个作业中心来归集成本，过程较复杂。目标成本法在实际运用过程中相对简单，但一般采用分批、分步和定额等传统的成本核算方法，分配标准与作业成本法相比较过于单一，在成本计算上很容易产生偏差。由此可见，两者在实践中都存在一些不足，但是也都有各自的优势。

让两者取长补短可以建立一套完善的成本管理方法，即目标作业成本管理模式。这种成本管理模式可以充分发挥作业成本法和目标成本法的优势，并且可以通过供应链的协调作用持续优化成本管理模式，最终提高企业的利润水平。目标作业成本管理模式的实施步骤：①采用目标成本法，通过前期对市场环境的调研，综合各种因素确定产品的预计销售价格，再结合历史数据确定目标利润，采用目标利润法得到企业当年的目标准许成本；②采用作业成本法核算制造费用，得到调整后的目标成本，确定目标作业成本；③在管理模式中融入成本分析与反馈环节，形成一个完整的闭环系统，将目标作业成本与企业实际发生的成本进行比较，为企业管理层提供更加准确的成本信息，进而对存在问题的环节有针对性地加以改进，优化企业的成本管理模式，降低总成本。

5. 大数据下的成本管理方法

Kothandaraman（2001）认为企业未来的竞争环境将由公司层面转移到网络层面，因此要理解信息化时代企业如何创造价值，并合理利用大数据技术来提高企业的核心竞争力。Laudon、Kenneth（2004）提出了电子商务三大驱动力——技术变革、业务发展、社会力量，以及供应链成本管理策略和企业定价模型，强调了大数据技术的重要性，思考了如何将供应链管理理论运用到各企业实际的成本管控中。姚文超（2016）提出了大数据平台下成本管理的方法，并从采购、生产、仓储、销售、运输等环节入手分析了加工制造业如何通过大数据对企业成本进行实时监管，提高企业的成本控制水平。

总之，大数据技术在企业的业务处理、财务管理、决策制订以及供应链管理等环节得到了广泛应用。通过分析大数据技术在企业管理中的应用，将大数据技术运用到目标企业的供应链成本管控体系的构建中，可以加强对目标企业供应链的实时监控，提高企业数据处理的精准性以及反馈的及时性，从而优化供应链成本管控体系，有效降低成本。

8.4 案例：物润船联现代供应链创新与应用示范

江苏物润船联网络股份有限公司（以下简称物润船联）成立于2011年12月19日，是以船/车联网大数据+人工智能为基础，开展供应链创新与应用的"互联网+"高效物流、无船/车承运的智慧供应链物流服务商，推动中国供应链物流智慧化、数字化。物润船联以"互联网+物流大数据+供应链服务"为核心路径，集信息流、物流、资金流、票据流和证据流于一体，通过AIoT（AI+物联网）为用户提供完整的智慧物流与供应链解决方案，致力于打造"新物流、高智慧、全程可视"的嵌入式智慧物流与供应链平台，推动我国水路、公路及多式联运向管理智能化、运输可视化、流程标准化和运输方式集约化方向发展。

1. 创建数字化供应链服务平台生态体系

物润船联搭建数字化供应链服务平台，以运力供应链为抓手，以大数据技术为驱动，整合供应链上下游资源，优化供应链流通过程，形成集物流信息发布、在线交易、数据交换、跟踪追溯、智能分析等功能为一体的，跨行业和区域的供应链物流公共服务平台，成功打造互联互通、开放共享的智慧供应链物流生态圈。平台打造全流程智能化、可视化、数字化、信息化生态体系：①利用互联网的感知功能，获取采购、运输、装卸、港口、仓储等各个环节的大量信息，收集实时数据，准确掌握港口、货物、车辆、船舶等信息，结合智能智配系统实现数据资源的互联互通和货物运输智配，实现线上调度智能化；②依托智能识别和监控技术以及新一代通信网络技术，实现运输车辆/船舶实时定位、货物状态实时监控，实现供应链物流运输在线可视化；③汇聚平台大数据，打造高效运输管理系统，形成物流、信息流、单据流、商流、资金流"五流"合一的领先模式，实现供应链物流管理数字化；④利用大数据、云计算、GIS、AIS 等手段，整合车辆/船舶、货物、交通、航道及订单等信息，优化车辆/船舶装载和运输配送路径，实现供应链物流配送智慧化；⑤平台不断升级信息化设施，为上下游企业搭建信息互通渠道，实现供应链流通全链条信息化。

2. 构建现代供应链物流智能化信息系统

①车辆运输管理系统。对运输进行全方位管理，包含货源发布、车辆调度、司机派单、在途运输、车辆定位/货物跟踪、油气管理、车辆/司机信息审核、统计报表等。为了更精确体现车辆位置信息，管理系统接入交通部车辆运输轨迹，用户可以随时查阅路线配送情况。

②运单管理系统。具有运单审核、数据管理、运单分配功能。主要用于运单创建及管理，根据托运人指派信息，系统智能分配运单到承运人端，进行统一执行。

③财务管理系统。具有运费结算、钱包管理、发票管理、交易记录查询功能。主要用于整个物流过程中运费计算、支付、开票，解决运输过程中的油气发票、ETC 发票、司机劳务费发票进项问题，合法合规降低运输成本。

④智能智配系统。包含智能配货、配车/船，系统通过"智配"吸引各物流运输链条上的优势资源，通过移动互联网将整个运输链条上的各个环节连接起来，促进市场中分散的中小货主企业、货运企业和个体运输户资源的集约整合，促进市场逐步从分散走向集中，从而促进物流行业集约化发展。

物润船联以高度集约化的网络和系统，优化运输路径，提升配载效率，最终以最低的成本、最短的时间将货物送到终端客户，降低制造企业和商贸企业的物流成本，使企业专注于自身核心业务，提高核心竞争力，进一步推动产业的转型升级和供应链竞争力的提升。

3. 创新并完善车船智慧供应链服务体系

（1）创建货运与无船承运 SaaS 系统

该系统是用于解决整车运输过程中的车辆调度、订单追踪、车辆管理、运输监管、财务结算、信用评价等问题的网络货运智能管理系统，贯通物流、信息流、证据流、资金流和票据流，协助生产型企业、贸易商、第三方物流转型成为无车承运人企业，实现业务的在线化、数字化、标准化、自动化和智能化，形成跨区域管理和服务的能力,最大程度地帮助企业降本增效,推动企业业务发展,提升行业竞争力;依托互联网平台整合、合理配置物流资源,以平台承接运输业务,平台承担运输责任和风险并与托运人和实际承运人签订托运、承运合同,通过合同方式组织运输车辆,委托实际承运人进行道路货物运输活动,实现了货物运输门到门、港到门、门到港等一站式服务。物润船联依托先进的船联网、云计算、大数据、人工智能、区块链等数字技术,在互联网+水运领域打造了一款集货源管理、运单管理、运力管理、船货匹配、船舶位置监控、在线交易结算等功能于一体,深度服务于航运企业的无船承运SaaS管理系统,助力中小航运企业完成数字化转型升级,真正实现降本增效。

(2) 进行现代供应链协同采购

平台依托大数据分析物流行为、装卸货港口码头属性,基于车、船当前承运量、频次、运价等关键信息预判商品价格涨跌,帮助采购商和供应商提升供应链运营的计划性。一方面与采购商签订代采协议,提供预付款、物流运输服务;另一方面,帮助生产商向下游分销商分销其产品,帮助生产商降低渠道库存,扩大市场占有率,使生产商更专注于自身的核心业务,维持和增强核心竞争力。物润船联设置了专门的供应链部门,为代采提供供应商管理、价格评定等方面的支持,通过提供一体化的供应链服务,物润船联有效帮助货主类客户降本增效。

(3) 创新现代供应链物流增值服务

①船舶/车辆在线跟踪服务。通过AIS信号接收基站实时获取船舶信息,用户可以通过船舶名称、MMSI、IMO对船舶进行搜索定位,实时追踪船舶。目前平台上可以显示全国已装AIS的约12.6万艘货船的运行轨迹,并接入交通部500万辆车运行数据,实现了车/船运输轨迹全程可追溯。

②保险服务。平台与保险公司合作推出国内水路货物运输综合险和船舶保险,为用户提供线上保险服务,支持24小时在线投保,极大方便用户购买保险;通过微信小程序、公众号向客户提供保险产品售前咨询和售后服务,在客户理赔时,协助保险公司提供相关的损失勘查和理赔协助服务。

③移动视频监控服务。通过4G移动网络、无线传输等技术手段,实时将多路摄像头信号传输到用户端,有效防止货损货差和减少油料非生产损耗。该服务也可作为船货双方纠纷解决、政府市场监管等取证的手段。

(4) 积极探索现代供应链物流财税与金融服务工作

物润船联基于多年的物流与供应链服务运作的经验,通过打造更多创新、灵活的供应链金融服务模式，包括运费融资服务、在途货权融资服务等多种方式，拓展金融服务的广度和深度，更高效、更快捷、更安全地服务客户，加快构建物流供应链金融生态体系。2020年9月，物润船联启动"张家港数字货运集聚区"项目计划，物润船联是全国首家网络货运企业，在网络货运领域已成为江苏省的典范，物润船联将携手张家港保税区，拟以网络货运为孵化载体，以运力供应链为抓手，打造以企业为主导的张家港保税区数字货运集聚区，形成货运大数据、产业集群和生态效应，助力提升区域竞争优势和产业经济影响力，为智慧供应链高质量发展赋能。

案例讨论：物润船联作为首批供应链创新与示范企业，其突出成绩表现在哪？作为第四方物流企业，其又是如何在现代供应链创建与实施中发挥核心企业的供应链创新与激励、绩效评价、风险防范与成本控制等作用的？

复习思考题

1. 供应链常用的几种绩效评价方法是什么？你能不能举一个典型企业供应链绩效评价的例子？

2. 现代供应链风险管理的过程是怎样的？你对哪部分最感兴趣？为什么？

3. 如何提高"一带一路"供应链风控能力？

第9章 现代供应链信息管理

随着智慧时代的到来以及中国企业"走出去"步伐的日益加快,越来越多的企业开始重视国际产能合作,并借助智慧化手段进行供应链优化升级。然而,传统的企业供应链管理方法已经无法满足智慧供应链管理的需要,因此,识别智慧供应链绩效影响因素将在提升企业智慧供应链管理水平方面发挥关键作用。

9.1 智慧供应链与供应链信息化

9.1.1 智慧供应链概述

智慧供应链是结合物联网技术和现代供应链管理的理论、方法和技术,在企业中和企业间构建的具备技术渗透性更强,协作性更强,可延展性更强,信息整合性更强以及可视化、移动化特征更加明显等特点的技术与管理综合集成系统。

智慧供应链通过柔性化管理、快速化响应与智慧化协同,实现供应链创新、生态、高效发展,对推动经济提质增效发挥重要作用。全球各大企业正通过积极推进智慧供应链提升业务水平,并围绕供应链上下游关键要素,应用新型智慧技术,变革升级传统供应链结构与商业模式,在降低成本的同时,提升客户满意度,提高供应链可视化、可感知、可调节水平,最终达到提升智慧供应链绩效的目的。

智慧供应链的体系构建是研究智慧供应链评价的基础,目前大多数学者主要从功能要素、构建途径和评价指标划分三个角度进行智慧供应链的体系构建研究,见表9-1、表9-2和表9-3。

表 9-1 智慧供应链功能要素

作者及年份	维度	核心功能要素
宋华，2015	4	可视化、生态化、智能化和集成化
刘洁琼，2017	4	京东智慧供应链的功能要素有4个方面：人工智能算法支撑大数据挖掘、无人技术打造智慧物流、技术升级驱动、流程再造
黄成成，2018	6	智慧采购、智能制造、智慧运输、智慧配送、智慧仓储、智慧平台
Jisoo 等，2018	2	功能灵活性和结构灵活性。功能灵活性包含数量和交货期灵活性、产能灵活性、决策灵活性，结构灵活性包含供应商柔性、渠道柔性、物流柔性

表 9-2 智慧供应链构建途径

作者及年份	维度	构建途径
赵然，2015	5	产品持续改进、完整的生产计划管理系统、财务管理体系标准化和一体化、定制化的供应链可靠设计、供应链的可靠性
智睿，2018	6	及时掌握用户的需求、实现全程的可视化、实现模块化的供应链集成、进行供应链整体体系的互动与联合、实现供应链成本与绩效的实时化、实现全程供应链的预警
邱伏生，2017	4	重新构建企业个性化智慧战略、分析市场和产品未来发展趋势、协同大数据战略进行智慧供应链平台构建、积极建立仿真和供应链预警
Karen Butner，2010	3	通过构建仪器化来实现数据借助传感器获得；通过构建互联化提升互动水平和大规模协作；通过构建智能化来模拟行动方案，帮助高层进行评估权衡
邢淋淋，2015	3	战略层、功能层、执行层
张宇，2016	4	决策层、控制层、计划层、数据交换层
王龙运，2018	5	组织体系建设、管理体系建设、技术体系建设、创新体系建设、管理机制体系建设

表 9-3 智慧供应链评价指标体系

作者及年份	维度	指标
李玉凤，2017	6	选取了包括供应链管理意识、计划、采购、生产、柔性和智慧度在内的指标，利用因子分析和层次分析法构建了智慧供应链 IDEF0 绩效评价模型

续表

作者及年份	维度	指标
徐新新、郭唤唤，2017	6	可视化、智慧化、信息整合、成员协同
李海波，2017	5	设计了智慧供应链的物资供应全过程监控指标体系，包括项目物资供应监控指标、储备采购供应监控指标、闲置物资可视化指标、绩效指标、业务单据办结效率监控指标
王耀燕，2018	—	智慧供应链绩效审计是对供应链运行状况和运营成果的全面评估，有助于最大程度实现智慧供应链价值
Wu，2016	5	以信息管理、IT基础设施、过程自动化、高级分析和供应链集成5个关键因素来评价智慧供应链
张宇，2016	4	决策层、控制层、计划层、数据交换层
王龙运，2018	5	组织体系建设、管理体系建设、技术体系建设、创新体系建设、管理机制体系建设

构建智慧供应链发展指数，需要以科学的评价指标体系为基础。一般来说，评价指标体系构建应遵循以下构建原则：整体性原则、代表性原则、可参考性原则、可操作原则和可拓展性原则。

图9-1是增加了农村合作社的智慧供应链后，贫困农户、合作社与智慧供应链平台形成的新型扶贫供应链：

模式A：农户+智慧供应链平台（扶贫馆）

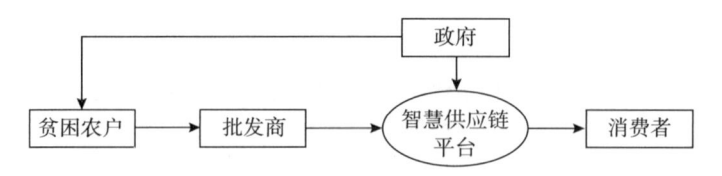

模式B：农户+批发商+智慧供应链平台（扶贫馆）

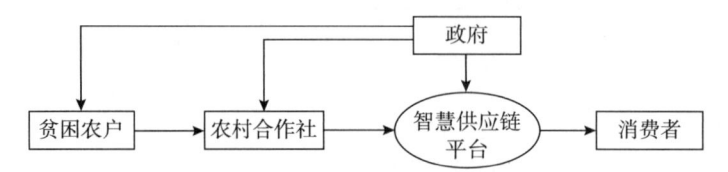

模式C：农户+农村合作社+智慧供应链平台

图9-1 考虑消费者偏好的智慧扶贫供应链结构示意图

9.1.2 智慧供应链的基础：信息化

信息化是充分利用信息技术，开发利用信息资源，促进信息交流和知识共享，提高经济增长质量，推动经济社会发展转型的历史进程。从整个社会层面而言，信息化促进了人类社会发展。信息在各个维度的交换，变革了人们参与社会活动的方式，促进了知识共享。而新一代信息技术，尤其是人工智能的出现则将进一步改变人类的劳动方式和生活方式，在更大程度上解放人类。

9.1.3 现代供应链信息化

供应链各方运用现代信息技术对业务流程中产生的信息进行采集、分类、传递、汇总、识别、跟踪、查询、挖掘与共享等一系列处理活动。图9-2所示的现代供应链信息化智领保障体系，从信息化基础设施服务到形成以数据获取、数据存取与开发为基础的供应链信息化及独特的大数据产业等，为现代供应链建设和优化提供切实保障。

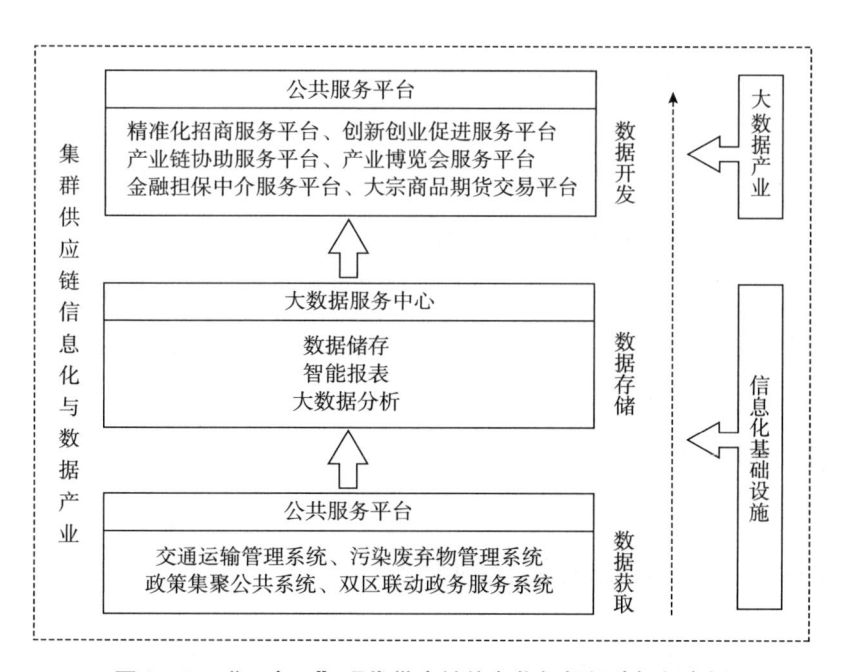

图9-2 "三合一"现代供应链信息化智领保障框架案例

目前多数研究将供应链信息化建设的重心放在了企业库存信息化上。库存信息化管理是以重构传统库存管理业务为基础，通过计算机网络及计算机软件技术，实现业务标准化的计算机系统集成管理方法。库存信息化管理通常是企业信息化管理的一部分，也可以独立于企业其他信息化业务管理流程。库存信息化管理能大大地提升库存信息收集和管理的效率，强化库存内部控制的管理水平，降低库存，减少缺货，降低库存资金。

就我国现阶段的发展而言，市场竞争越激烈，企业之间的竞争就越激烈。企业若想脱颖而出，并能够占有一定的市场份额，需要在产品能够满足市场需求的前提下，确保自身的生产低成本、顺畅运转，既不能过量生产导致库存过剩，也不能生产缺失使供应链断裂。因此，企业在生产的过程中须做好市场调研工作，并全面、充分地准备生产资料，使其能够满足客户和市场的需求。科学、恰当的库存管理方式能够使企业在生产过程中有效地避免损失与风险，持续运营，并不断扩大生产规模，而科学有效的库存管理信息化对企业的运营有着非常显著的作用。

①库存管理信息化能提高工作效率，让管理系统代替人工，完成传统工作中大量的烦琐事务，降低员工的工作量，降低企业运营人工成本。

②库存管理信息化能提升管理效能，让系统协助管理者轻松实现对工作的全过程掌控，降低运营损耗。运营损耗包含部门与部门、岗位与岗位之间的协同配合损耗，也包含生产过程中的物流损耗。

③库存管理信息化强化精细化管理能力，尤其是掌控客户跟进的细节、生产过程中的细节、质量控制中的细节，解决多变的市场与均衡生产之间的矛盾；它还能解决企业运营过程中出现的信息流问题，减少信息孤岛现象；还能避免重复采购，使企业的生产运营得到更加合理有效的监管，最终提升企业的经济效益。

9.2 现代供应链信息管理技术

9.2.1 新技术对物流供应链变化的影响

从技术变革的历史演进、供应链发展目标趋势以及新技术变革对供应链发展的支撑来看，围绕快速响应、协同整合、精准匹配、融合增值四个目标，技术变革一直在深刻影响并推动着供应链的发展。

技术的影响结果	云计算和储存	物联网	库存和网络优化工具	自动化和机器人	可穿戴和移动设备	预测性大数据分析	3D打印	无人驾驶车和无人机	AR、VR	区块链
感应		√	√	√	√			√	√	
互联	√	√	√	√	√			√		√
智能	√			√		√	√	√		

图 9-3 新技术对物流供应链变化的影响

随着云计算理论和技术的发展，以云服务、物联网和大数据等价值载体为主导的服务型平台和环境成为新型商业的重要背景。在新的供应链环境下，云服务供应链成为新型供应关系的研究热点。人工智能的飞速发展加快了人类对高度智能化和信息化社会的建设步伐，信息技术与智能科技作为目前最前沿的科学技术正在引领人类社会开启新一轮的技术革命，对社会的方方面面将会产生深远而巨大的影响。

从原料与商品的流动来看，随着信息技术和智能技术的发展，机器人拣选、无人机送货等模式出现，环境污染智能检测等技术也开始应用，技术变革将推动供应链的形态从人格化走向非人格化，从实体化走向虚拟化。

从企业关联组织来看，在信息技术时代，互联网、物联网技术强化了企业上下游之间，甚至区域内关联企业之间物流、信息和资金等资源要素的整合能力，企业由单打独斗的价值实现形式走向了一荣俱荣、一损俱损。通过从工具技术到电子技术，再到网络技术、大数据技术的广泛应用，供应链逐步实现由内部整合到外部集成线性整合，消费者可跨区域选择，距离对供应链的影响越来越小，供应链的弹性不断增强，供应链价值逐渐由仅取决于少数企业转向取决于供应链全部节点企业的协同整合能力。

从供求关系来看，网络平台技术强大的资源整合与调配能力推动了产业间的深度融合，如服务与制造逐渐融合，在多式多样、线上线下的服务平台协助下，企业能够根据市场个性化需求实现定制化生产。从工具联络技术到通信技术，再到网络平台技术，为实现快速响应、精准匹配的目标，供应链一方面实现了物流、信息、资金等各种资源优化整合，另一方面促进了第一、第二、第三产业的深度融合。供应链的运作模式不断优化，将推动各节点上物料或商品供需更加精准匹配。

再从服务领域来看,云计算、大数据技术的应用推动了供应链与农业、制造业、建筑业深度融合,商流、信息流、资金流等服务领域新业态不断涌现,供应链服务功能不断拓展。从工具技术到电子信息技术,再到云计算、大数据、区块链等技术,供应链服务领域也将由单一物流服务功能向商流、物流、信息流、资金流、知识流、技术流等更多服务功能拓展。

9.2.2 地理信息系统（GIS）

地理信息系统（GIS）是一种兼有存储、管理、分析、显示与应用地理信息功能的计算机系统,它既是综合性的技术方法,也是研究实体和应用工具。在 GIS 中,现实世界被表达成一系列的地理特征,而且这些地理特征至少有空间位置参考和非位置信息两部分组成。

随着全球定位系统（GPS）、地理信息系统（GIS）、运筹学（OR）技术研究和应用的不断深入,单独应用一项技术往往不能满足综合性的工程活动的需要,不能够提供数据提供、数据更新、数据呈现、信息处理、优化计算、分析模拟的综合能力。解决问题的关键,是将各项技术进行集成,充分发挥各自的功能和效用,使其互相补充、互相衔接,便于有关信息的搜集、处理和应用,使信息的流动更加通畅,弱化供应链节点间信息不对称造成的牛鞭效应,提高供应链的绩效水平。

在这种集成中,GPS 主要用于数据的测量和更新,实时、快速提供目标、各类传感器和运载平台的空间位置；GIS 主要用于对数据进行可视化呈现和管理；OR 主要利用数据进行建模和优化计算,以便提供决策支持。在综合性的供应链活动中,任何单一的技术都有其缺陷,只有将各种技术进行整合,其效用才能得到最大化的发挥。

9.2.3 北斗卫星导航系统

北斗卫星导航系统（BeiDou Navigation Satellite System, BDS）是中国正在实施的自主发展、独立运行的全球卫星导航系统。系统建设目标是:建成独立自主、开放兼容、技术先进、稳定可靠的覆盖全球的北斗卫星导航系统,促进卫星导航产业链形成,形成完善的国家卫星导航应用产业支撑、推广和保障体系,推动卫星导航在国民经济社会各行业的广泛应用。

例如，生鲜供应链尤其需要北斗卫星导航系统。据了解，当前全国 7 万艘渔船都安装了北斗终端。结合北斗的定位授时技术以及大数据，可以建造一个生鲜供应链溯源系统，对生鲜供应链实现实时监控，保证生鲜食材的品质。溯源系统以北斗系统为核心，通过北斗实时定位以及精密授时的技术，记录生鲜食材的采集位置和时间信息，结合现场的图像信息以及物流运输期间对生鲜食材温度、湿度，物流配送的速度等多维度、持续性跟踪与监测，实现生鲜食材捕捞、进港卸货、装箱、运输等全程追溯，确保消费者买到放心的海鲜。

9.2.4 电子数据交换技术

电子数据交换（Electronic Data Interchange，EDI）技术采用统一规定的标准格式，通过通信网络传输电子数据信息，在贸易伙伴的电子计算机系统之间进行数据交换和自动处理。EDI 技术的出现对于传统的通过纸质文件传输数据的方式来说是一种变革，它不仅大大减少了人力介入，而且能够使信息在不同环节之间顺畅、可靠地流通。这一技术变革很快就被应用于供应链管理中，并迅速成为供应链管理实现快速反应（QR）、高效客户反应（ECR）、高效补货等所必不可少的支撑技术。

有统计表明，使用 EDI 技术，能够缩短整条供应链订单履约周期 36%，降低存货水平 36%，增加数据交换的准确性 27%，并大大缩短了供应链的反应时间。当前，随着互联网的迅速发展，一种能够使用可扩展标识语言 XML（Extensible Markup Language）的 EDI 模式，即 Web-EDI 正逐渐在供应链管理中流行起来，并将会取代传统的基于增值网的 EDI 模式。

9.3 现代供应链信息平台建设

近年来，随着全球定位系统（GPS）、地理信息系统（GIS）、射频识别（RFID）等技术的普及，我国物流行业发展迅速，现代物流业水平显著提高，物流效率大幅提升，物流业逐步走向高质量发展阶段，现代供应链的发展也迈上了新台阶。

由于现代供应链上的各企业发展水平不一，企业之间信息交往程度往往也有所差别，造成信息不对称，信息获取时效性低，信息孤岛、牛鞭效应等现象产生，因此必须高度重视供应链信息平台建设与作用发挥。

9.3.1 现代供应链公共信息服务平台构建原则

现代供应链公共信息服务平台的建设将从区域经济的大局出发，促使集群供应链上的企业内外部协同发展，实现区域内商流、物流、信息流共享。具体的建设过程应遵循相关原则。

1. 可靠性原则

现代供应链公共信息服务平台应该提供计算、存储、网络等资源，并保证数据的真实可靠。系统需要在多方面考虑适当冗余，防止出现数据过多引发的运行障碍等问题；在系统遇故障无法正常运行时，应自行启动备份系统，保障系统数据的安全可靠；系统应设置相对完善的审核机制，在企业上传相关信息时有必要的审核流程，确保信息的真实可靠。

2. 适用性原则

现代供应链公共信息服务平台在建设过程中要始终遵循满足企业、政府、客户等多方利益共同体需求的标准，充分考虑平台功能的适用性，在满足各方用户具体需求的前提下，也要尽可能保障操作的简单易行。

3. 可拓展性原则

随着信息化、智能化的不断发展，社会对物流行业的需求也与日俱增，建设现代供应链公共信息服务平台是促进区域信息化水平提升的重要手段。平台的设计和建设也要考虑到未来需求的可能变化，并留有足够的空间便于将来的扩展。

4. 多业务性原则

作为综合性服务平台，现代供应链公共信息服务平台势必要充分考虑供应链多用户、多业务的特征，在平台满足用户的动态需求时，各业务要能区分明确、彼此隔离、互不影响，多业务能同时良好运行。

5. 效率标准原则

在建设现代供应链公共信息服务平台时，要重点关注如何以较小的投入，较快、较好且高质量地实现目标，也就是用最小的成本实现最大的目标。平台要高度重视信息的实时性、准确性，要快速有效地收集、整合相关信息，满足使用者的信息需求。

9.3.2 现代供应链公共信息服务平台构建要求

1. 以先进、互联与智能的要求定位平台的高度

先进、互联与智能是《智慧供应链》一书所提炼的现代供应链公共信息服务平台构建的基本要求，非常好地反映了新常态背景下的趋势要求，对专注于向面广量大的中小企业提供整合服务的中介组织来讲，显得尤其重要。

以前由人工创建的供应链信息将逐步转变为由传感器、RFID 标签、仪表、执行器、GPS 和其他设备和系统来生成。例如，在可视性方面，供应链不仅可以预测更多事件，还能展现事件发生时的状况，由于像集装箱、货车、产品和部件之类的对象都可以自行报告，供应链不再像过去那样完全依赖人工来完成跟踪和监控工作，设备上的仪表将显示计划、承诺、供应源、预计库存和消费者需求的实时状态。

智慧的供应链将展现前所未有的交互能力，一般情况下，企业不仅可以与客户、供应商和 IT 系统实现交互，还可以与正在监控的对象，甚至与在供应链中流动的对象实现交互。除了创建更全面的供应链视图外，这种广泛的互联性还便于实现大规模的协作。全球供应链网络将有助于全局规划和决策。

为协助管理者进行交易评估，智能系统将衡量各种约束和选择条件，这样决策者便可模拟各种行动过程。智慧的供应链还可以自主学习，无须人工干预就可以自行做出某些决策。例如，当异常事件发生时，它可以重新配置供应链网络；它可以通过虚拟交换获得相应权限，进而根据需要使用诸如生产设备、配送设施和运输船队等有形资产。使用这种智能不仅可以进行实时决策，还可以预测未来的情况。通过利用尖端的建模和模拟技术，智慧的供应链将从过去的"感应—响应"模式转变为"预测—执行"模式。

平台是文化核心，是资本和产业整合的基础，资本和产业整合又是相互作用的统一体，资本一旦形成，产业整合必须跟上。而产业又带有其特殊属性，即实体产业的滞后性，以及平台需要孕育和不断完善的属性等。为此，一定要在资本运作的同时思考平台的框架与建设。这里的考虑并不意味着搭建一个真实的平台，而是要从战略高度做好规划。这如同买房，不一定要看到真实的大楼，但一定要看到它的沙盘。那么沙盘从何而来？这就需要集众人之智、之力、之源、之心，明确商业模式，明确如何发挥系统内的平台优势，解决一般平台难以解决的问题。

今天没有高度，明天就走不远。这高度，主要是指具有个性、难以被模仿的核心竞争力。

2. 着眼于海量中小企业整合角度，悟透平台的价值

由于着眼于海量中小企业的抱团取暖，且通过资本流（股权）、物流、资金流与信息流等得到多重强化、润化、优化、整化与催化，经由平台得出的各种供应链数据价值巨大。为此，要清楚在做什么，为谁做，怎么做。我们是在做国家想做的事，所以会享受到很多的政策支持；我们是在做自己分内的事，所以要特别敬业；至于怎么做，就涉及众多具体的框架、板块。这就是中小企业"抱团取暖"平台所需要的高度、价值的清晰度、做事所需要的方向性、层次感、关联度、选择力与高情商。

3. 注重平台孕育与运作过程中的机会运用、价值显现

（1）重视平台的开发，更重视平台开发与系统建设的联动

第一，无论是建立系统还是将来不断完善系统，心中必须装着可能构建的那个平台，而规划平台，则必须着眼于如何更好地引领服务系统建设、完善，只有这样才能为招商与系统建设提供不竭动力。为此，要很好地认识目前正在做的系统资源普查、聚集、整理及其价值发挥等问题，并体现到经营管理中去。

第二，处理流程的问题、需求的问题和具体参数的问题，要考虑平台的设计能否随着环境变化不断升级达到优化的效果、匹配资源的效果以及再开发的效果。在购买相关软件的过程中一定要深思熟虑，格外关注软件的兼容性，因为软件技术与内容的变化太快了。从这一角度说，要致力于与软件公司形成可持续的合作关系，形成共赢的平台创新格局。

（2）明确平台的价值，更重视平台价值发挥之前的开发

平台开发可以分两步：①在筹建的资料收集阶段，股东内部可将产业规模和经营情况弄清楚，布置2～3家企业试验一下，使以后业务的导入成本低、效率高，此阶段业务流程并没有较大改动，平台的目的更在于提高效率；②通过前期业务为平台导入物流信息、供需信息，对业务和流程进行优化的过程。且只有这样强调客户导向的平台才有意义，才可能成功，才可能使价值变现。

（3）强调平台的统筹，更强调探索阶段必须具有的众筹性

①进一步明确平台开发的统筹性。进一步明确平台开发的统筹性是由平台的特性所确定的，而且这是供应链信息运营中心的首要之职。最关键的是要展现平台的价值、

开发的过程、共性、个性，及其与各产业链的关系。核心是要解决各平台信息系统的共性问题、无缝对接问题与组织保障问题。

②进一步确立平台开发的众筹性。针对各产业链系统的复杂性、个性化很强的特点，宜从集众人之智、力、源与心的高度来使各产业链相对独立地开发出和业务运营、整合要求相匹配的产业链信息平台，并发挥其作用。而这时总部主要提供指南，人、财、物支持，协同攻关，奖惩指导，以及可供大家借鉴的好方法、模式与总平台的雏形及构建要求等。

③进一步厘清从构建到平台作用发挥的阶段要求。一是初始阶段，主要是在普查资源基础上进行有关业务的整合，并为平台开发提供理论、方法、人才、有关数据与参数等方面的准备，完成平台规划；二是初创阶段，平台与各单位按分工协同的要求，各自开发具有共性与个性特点的平台系统，并进行必要的匹配式试运行等；三是磨合阶段，主要是从分工合作角度不断优化系统平台的构建与作用发挥。

9.3.3 现代供应链信息平台功能

1. 会员信息化服务

公共信息平台可向园区入驻客户提供包括会员注册、资质审核、合同签订与管理、线上缴费、物业管理、基础设施报修、服务反馈等的一体化服务，解决入驻客户的基本需求，确保人性化管理。

2. 数据处理与预测功能

数据是智慧信息平台的基本构成部分。数据处理与预测主要是指运用大数据技术对信息平台产生的海量数据进行过滤、存储、分析及挖掘，依据共享数据进行预测分析，更好地为主体决策提供支撑。

3. 信息发布与查询功能

物流园区信息平台为用户提供物流相关信息，用户可以通过互联网、手机客户端等多种方式从平台上获得物流信息、行业政策、行业动态等信息。平台还可以为注册会员发布招商广告、企业介绍等动态滚动信息。

4. 安防监控功能

物流园区要扩大监控范围，利用视觉识别及结构化视频存储技术整合现有信息监控系统于平台，集成视频监控系统、无人机系统、道闸系统、门禁系统及移动设备，实现对物流园区的智能动态监测，以保障整个物流过程的安全。

5. 在线交易功能

平台利用区块链技术验证交易并确定交易者身份，降低交易成本，提高交易安全性。交易双方利用平台发布供求资讯，实现信息的及时更新。同时，客户可以在系统上直接下单、付款、退订等，大大提高交易效率。

6. 物流任务分配功能

物流园区信息平台将各入驻企业的仓储系统、运输系统、业务系统整合在一起，并与客户群体的 ERP 系统进行对接。手机 APP 客户端的订单也可以上传到信息平台。平台针对客户的需求及各入驻企业的特点迅速设计出全服务链条的物流计划，并将信息指令传达给各企业，从而完成园区对物流任务的统一分配。

7. 智慧运输管理

通过 RFID 技术对货物条形码进行扫码识别，并将信息实时上传到信息平台数据库，对人、车、货进行全程监控，精确掌握货物流通情况以及作业完成情况。此外，需要摆脱经验化装车安排，运用 GIS 技术和智能载配调度算法，综合考虑运营商物流资源和物流能力，智能规划运输路线。通过线路追踪、大数据处理以及安全注意事项的可视化，实时为驾驶员调整最优路线，提供道路指向，降低物流过程中的事故发生率。

8. 智慧仓储管理

平台外接企业的 ERP 管理系统，通过物联网和区块链技术对入驻企业仓储资源进行集成管理，共享仓库闲置空间信息，有效协调物流活动。仓库进出货物都能在信息协调平台上显示，平台能够随时掌握园区仓储情况，针对不同客户需求的不同位置、不同数量、不同类型等进行统一安排调度，动态化、柔性化管理库存。

9. 车货匹配功能

信息平台可以将物流服务需求方与物流服务提供商连接起来，实时发布运力信息及物流需求信息，解决双方信息不对称的问题。平台还根据用户的使用习惯分析其需求，推送相关服务，在便捷检索过程的同时提高匹配率。

10. 政府政务服务

物流园区公共信息服务平台可以与如工商、税务、交通、经信委等相关政府部门紧密对接。一方面,平台可以为企业推送政策信息,帮助企业缩短业务办理时间;另一方面,平台使政府部门可实时监控园区内运营状态,并提供政策法规、行业标准等服务。

11. 其他公共服务

信息平台可以对接公共服务机构,提供一系列配套的公共服务,包括金融服务、咨询服务等。其中,平台对接银行和保险公司的业务系统,能够方便园区节点企业获得在线的金融服务,平台对接律师事务所或咨询公司业务系统,能帮助企业获取相关的法律或业务咨询服务。

9.3.4 供应链信息平台设计与实现

供应链信息平台设计与实现需要对供应链主体需求进行分析,对平台功能进行规划,并以共享为出发点,充分发挥现代信息技术对供应链协同的推动作用,更好地实现信息资源的集成与共享。这里仅通过本书作者相对较熟悉的基于农户结算卡系统的新型粮食供应链信息共享平台做一些探讨。

所谓粮食供应链新型信息共享机制是指基于农户结算卡系统的粮食供应链信息共享平台。农户结算卡系统所连接的是供应链前端即农户与粮食购销企业、粮食经纪人、银行、政府等部门的信息。虽然该系统已经构建了一个信息共享与传递的平台,但是其范围与机制相对于整个粮食供应链来说是不健全的、不完善的,因为它非常明显地缺失了供应链后端即消费者、粮食物流企业以及粮食加工、库存等节点的个人或组织的信息参与。鉴于农户结算卡系统已经取得信息共享方面的成绩,本书作者认为,可以尝试在其基础上构建我国新型的粮食供应链信息共享平台。

首要的原则是必须基于农户结算卡系统,即在满足既有供应链前端信息共享的基础上实现前后两端节点的个人或组织的信息共享。其次,由于粮食供应链各个节点的个人或组织对粮食信息认识程度不同,企业内部信息系统的结构、功能、接口千差万别,构建的粮食供应链信息共享平台应该具有一定的兼容性和异构性,以整合粮食供应链节点的个人或组织的各种信息。最后,新型粮食供应链信息共享平台应具备强大的信息分析与加工功能,这样才能筛选出有价值的信息以支持各节点企业以及政府的决策。

从上述三点来看,必须建立一个功能强大,结构合理,能为粮食供应链节点的个人或组织提供信息收集、处理、发布、传递、交换，整体优化以及决策支持等功能的信息共享平台，见图9-6。

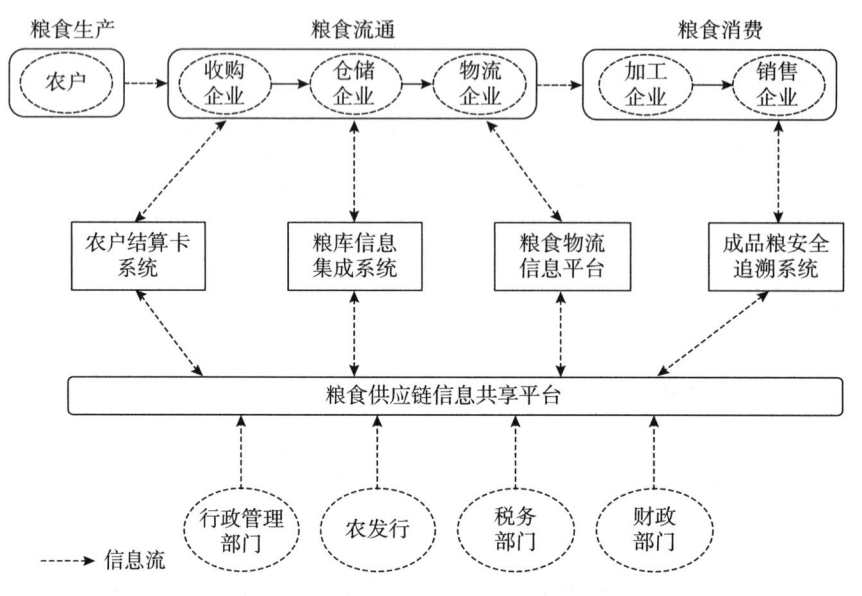

图9-6 基于农户结算卡的粮食供应链信息共享平台框架图

9.3.5 案例：洋河股份打造传统白酒行业的转型性智慧供应链[①]

江苏洋河酒厂股份有限公司（以下简称洋酒股份）位于江苏省宿迁市，下辖洋河、双沟、泗阳三大酿酒生产基地和苏酒集团贸易股份有限公司。在规模产量方面，到2021年，公司拥有1000多个酿酒班组、7万多个名优酒窖池、年产量16万吨的名优酒生产能力和100万吨的储酒能力。

公司的顺利发展与公司这些年积极打造传统白酒行业的转型性智慧供应链密切相关。主要包括：强化数字化建设，打通供应链上下游痛点；搭建三级产销协同机制，提高供应链协同水平；强化战略合作伙伴关系，赋能供应链上下游协同；推进绿色供应链体系建设等。这里主要从转型性智慧供应链战略、策略与实施方面提炼经验。

1. 以一盘棋思维确定转型性智慧供应链战略目标

白酒行业是传统行业，粗放式管理成为白酒行业发展的最大障碍，特别是在白酒行业竞争日益白热化的当下，如何推进传统行业转型升级，如何打造供应链竞争优势，

---
① 本部分内容根据吴志华有关调研材料等整理而成。

成为白酒企业亟待解决的问题。洋河股份在 2011 年启动供应链体系建设项目，是白酒行业最早推进供应链建设工作的企业。秉承以客户需求为导向的指导方针，洋河股份提出建立以客户为中心的智慧供应链体系，组建专业团队，打通研、产、供、销各环节，推进内外部供应链协同，提升供应链运营水平。

2018 年，公司积极申报并成功入选全国供应链创新与应用试点企业，为公司供应链建设工作注入新的动能。公司协调企业内外部资源，围绕建设完整、高效的白酒产业供应链体系的总体目标，全力推进供应链创新与应用工作。

在白酒行业竞争日益白热化的环境下，提升供应链韧性、柔性，为营销团队打造坚实后盾，是供应链建设的主要任务。基于此，洋河股份提出从传统制造供应链向零售供应链转型的发展战略，适应新时代消费方式的转变，强化新技术的应用，推进供应链响应能力提升，并科学控制供应链总成本。为明确供应链建设方向，洋河股份提出"建立强健的以客户为中心的智慧供应链体系"的建设目标。打造强健供应链需要提升供应链运营优化能力、信息洞察能力、敏捷响应能力。

2. 以智能工厂引领白酒行业首个智慧供应链发展

2018 年洋河股份正式建成国内白酒行业第一个数字化、智能化工厂，运用国际顶尖的信息化技术、物联网技术和人工智能算法，是充分结合了"中国制造 2025"和德国工业 4.0 标准的新一代工厂。

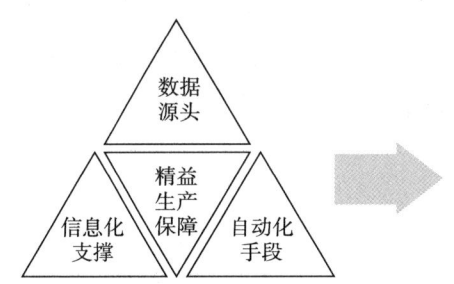

- 5 位一体：聚焦计划、生产制造、质量、设备、成本核算的一体化生产过程管理。
- 2 大主线：业务与技术两大主线高度融合的建设方案设计思路，推动工厂数字化、智能化转型。
- 1 个标准：建立洋河股份各基地成品包装工厂统一的生产运营标准。
- 1 大平台：整合产供销数据，建立统一的全国制造运营与指挥平台。

图 9-7　洋河股份"智能工厂 5211 工程"

智能工厂建设思路：在智能制造方面，洋河股份提出"智能工厂 5211 工程"，具体目标是：建设数字化、可视化、集成化和智能化的新一代智能工厂，对外成为透明工程，对内实现智能制造，成为行业智能制造标杆。

在酿造端：洋河股份针对白酒酿造关键工艺环节，研制与传统固态发酵白酒工艺相匹配的全流程自动化装备与系统，制订工艺标准及规范，实现酿造源头到终端的数据追溯，将生产变得可知、可视、可控，将自然酿造变为智慧酿造。

在包装端：洋河股份根据整体供应链运营需求，围绕计划、生产、质量、实验室、设备以及成本核算等六个主要方面，实现从经销商到一级供应商协同的外部供应链体系，打通从计划排产到生产出库的信息流，进而构建全过程的质量追溯及内部供应链体系。

在包装生产数字化的基础上，洋河股份在成本、设备、生产、质量、班组管理等业务领域进行数字化分析应用，将数字变成数字化。同时，对接供应链协同平台及全营销系统，实现供应链上下游的高效联动。

3. 以网状式协调服务保障各项工作的有效推进

洋河股份建立以公司总裁牵头，供应链管理中心统筹管控的组织架构，强推供应链建设。在具体管控方面，洋河股份践行牵头为大、业务耦合与强化考核管理模式。

①牵头为大。供应链管理中心作为核心中枢，是洋河股份供应链管理的规划、指导、考核中心，通过强化供应链各环节部门沟通，打破部门壁垒，实现内部供应链一体化运作，使供应链内部资源配置达到整体最优。同时，供应链管理中心通过产销协同管理，打通了内部供应链管理各环节，确保供应链运营效率的最大化。

②业务耦合。在供应链运营流程的优化与改进方面，洋河股份建立由供应链管理中心统一管理的项目团队，通过项目制方式，推动管理提升。

③强化考核。在供应链体系建设方面，供应链管理中心作为牵头部门，负责供应链管理规划、分解、考核，确定年度供应链提升方向，组建专题项目组，并考核各项目指标达成情况。通过推进物流网络优化、战略采购寻源、配额制管控等持续改善项目，洋河股份2018—2020年合计实现降本近3000万元。

复习思考题

1. 什么是智慧供应链？
2. 简述现代供应链信息化的作用及建设原则。
3. 阐述现代供应链信息平台的服务功能。

参考文献

[1] Alexandre Dolgui, Dmitry Ivanov, Boris Sokolov. Ripple effect in the supply chain: an analysis and recent literature [J]. International Journal of Production Research, 2018 (1-2).

[2] Cigdem Gonul Kochan, David R Nowicki. Supply chain resilience: a systematic literature review and typological framework [J]. International Journal of Physical Distribution, 2018 (8).

[3] Faisal Aqlan, Sarah S Lam. Supply chain optimization under risk and uncertainty: A case study for high-end server manufacturing [J]. Computers & Industrial Engineering, 2016.

[4] Faisal Aqlan. A software application for rapid risk assessment in integrated supply chains [J]. Expert Systems With Applications, 2016.

[5] Irène Kilubi, Hans-Dietrich Haasis. Supply chain risk management research: avenues for further studies [J]. Journal of Supply Chain and Operations Resilience, 2016 (1).

[6] Kannan Govindan, Atanu Chaudhuri. Interrelationships of risks faced by third party logistics service providers: A dematel based approach [J]. Transportation Research Part E, 2015.

[7] Kelsey M Taylor, Stephan Vachon. Empirical research on sustainable supply chains: IJPR's contribution and research avenues [J]. International Journal of Production Research, 2018 (1-2).

[8] Kevin P Scheibe, Jennifer Blackhurst. Supply chain disruption propagation: a systemic risk and normal accident theory perspective [J]. International Journal of Production Research, 2018 (1-2).

[9] Rothwell R, Zegveld W. Industrial Innovation and Public Policy: Preparing for the 1980s and the 1990s [M]. London: Frances Printer, 1981.

[10] [加] 米歇尔·利恩德斯. 采购与供应管理 [M]. 张杰, 等, 译. 北京: 机械工业出版社, 2009.

[11] [美] 乔普拉, 迈因德尔, 等. 供应链管理: 战略、计划和运作 [M]. 陈荣秋, 译. 北京: 清华大学出版社, 2017.

[12] [英] 艾伦·哈里森, [荷] 雷姆科·范赫克, [荷] 希瑟·斯基普沃思. 物流管理 [M]. 李婷, 等, 译. 北京: 机械工业出版社, 2019.

[13] [美] 费雷德·戴维. 战略管理 [M]. 徐飞, 译. 北京: 经济科学出版社, 2015.

[14] 刘宝红. 采购与供应链管理：一个实践者的角度［M］. 北京：机械工业出版社，2015.

[15] 陈其清. 供应链视角下的粮食电子商务影响因素研究［D］. 南京：南京财经大学，2017.

[16] 陈素. 基于SCOR模型的中药生产企业供应链风险的识别研究［D］. 北京：北京中医药大学，2016.

[17] 程慧锦，丁浩，马有才. 基于改进SCOR的外向型企业供应链风险评价及应用［J］. 企业战略，2020（1）.

[18] 崔普远. 服务型制造混合供应链绩效评价研究［D］. 昆明：云南财经大学，2020.

[19] 高波. 贵州茅台SCOR模型的构建［J］. 物流技术，2016，35（10）.

[20] 葛海波. 延迟在粮食供应链整合中的应用研究［D］. 南京：南京财经大学，2011.

[21] 葛海波. 粮食供应链整合动力机制研究［J］. 价值工程，2010，29（26）.

[22] 顾磊. 苏州住电装供应链风险管理研究［D］. 南京：南京邮电大学，2020.

[23] 洪群联，李子文，刘振中，李淑华，宋华. 推动构建现代供应链的若干思考［J］. 宏观经济研究，2019（07）.

[24] 胡非凡，鲍晗. "粮改饲"背景下农产品供应链调整风险及其控制研究——以贵州省为例［J］. 物流科技，2020，43（10）.

[25] 胡非凡，李虎. 基于即时配送的众包物流平台服务质量评价研究［J］. 物流科技，2020，43（11）.

[26] 胡非凡，吕新业，吴志华. 新形势下中国粮食安全创新探析［J］. 学习与探索，2016（3）.

[27] 胡非凡，施国庆，吴志华. 中国粮食物流特点及发展趋势探析［J］. 农业经济，2006（5）.

[28] 胡非凡，吴志华，胡学君. 基于TOE框架的粮食供应链整合影响因素研究［J］. 南京财经大学学报，2015（1）.

[29] 胡非凡，吴志华，胡学君. 农户结算卡是粮食小生产与大市场对接手段——基于江苏省常州市奔牛镇的调研［J］. 现代经济探讨，2010（12）.

[30] 胡非凡，吴志华，施国庆. 我国粮食物流发展战略探析［J］. 经济问题，2006（12）.

[31] 胡非凡，吴志华，赵燕林. 粮食供应链信息共享价值研究——以RFID农户结算卡系统为例［J］. 南京财经大学学报，2013（1）.

[32] 胡非凡，吴志华. 广东省粮食物流现状及对策［J］. 安徽农业科学，2006，（18）.

[33] 胡非凡，吴志华. 基于企业视角的主销区粮食物流快速响应能力影响因素研究［J］. 南京财经大学学报，2014（2）.

[34] 胡非凡，吴志华. 长三角粮食物流合作发展的问题与思路探析——"长三角粮食现代物流发展与合作研讨会"综述［J］. 粮食科技与经济，2007（3）.

[35] 胡非凡，吴志华. 中国农业物流体系的构建、现状与发展［J］. 农机化研究，2010（4）.

[36] 胡荣玲．本土粮食企业供应链整合影响因素研究［D］．南京：南京财经大学，2012．

[37] 胡文卿．基于SCOR的供应链建模与仿真研究［D］．上海：同济大学，2006．

[38] 胡学君，吴志华．粮食物流管理体制创新探析［J］．经济问题，2006（3）．

[39] 黄惠良，吴志华．大数据时代的物流信息安全意识亟待强化［J］．物流技术，2013（22）．

[40] 贾景姿，曾鸣．基于SCOR模型的能源互联网建设［J］．经济研究导刊，2019（5）．

[41] 简志国．电煤供应链风险分析与管控研究［D］．北京：华北电力大学，2014．

[42] 江秋阳，陶峰，范体军，黎建强．基于RFID技术的双供应链投资决策研究［J］．中国管理科学，2020，28（11）．

[43] 景琦．基于SIR模型的粮食供应链风险传导研究［D］．武汉：武汉轻工大学，2016．

[44] 孔德汉．基于BPR的信息系统规划方法研究［J］．信息技术与信息化，2011（1）．

[45] 李爱军，黎娜．基于BPR的中小企业供应链业务流程的再造［J］．统计与决策，2010（14）．

[46] 李善良，王春华．基于GIS、GPS与OR集成技术的供应链管理系统［J］．系统工程，2004（4）．

[47] 李玉凤，邢淋淋．智慧供应链绩效评价指标体系构建［J］．统计与决策，2017（3）．

[48] 梁怡璇．基于SCOR模型的B2C企业供应链风险识别与评价研究［D］．北京：首都经济贸易大学，2015．

[49] 刘彬．基于SCOR模型的汽车企业供应链风险识别及控制［D］．沈阳：沈阳大学，2021．

[50] 刘佳．面向多功能农业的粮食供应链整合研究［D］．南京：南京财经大学，2019．

[51] 刘伟华，王思宇，贺登才．面向国际产能合作的智慧供应链绩效影响因素——基于多案例的比较［J］．中国流通经济，2020，34（9）．

[52] 刘伟华，吴文飞，袁超伦，侯家和．城市智慧供应链发展指数构建及其应用［J］．工业技术经济，2021，40（1）．

[53] 娄钰莹．粮食供应链信息共享激励机制研究［D］．南京：南京财经大学，2013．

[54] 马向国，阿明·施瓦金．基于SCOR模型的跨国制造企业供应链风险识别［J］．供应链管理，2020，1（11．

[55] 南江霞，张莉，张茂军，李登峰．云服务供应链多人合作与技术创新决策的两型博弈模型［J/OL］．系统工程理论与实践．

[56] 邱兰馨，黄樟钦，梁笑轩．RFID标签位置感知技术综述［J］．计算机应用研究，2017，34（12）．

[57] 沙敏华．物流柔性对顾客满意度影响的实证研究［D］．南京：南京财经大学，2010．

[58] 宋华，杨雨东．现代ICT赋能的智慧供应链金融创新与发展［J］．中国流通经济，2019，33（12）．

［59］宋华. 智慧供应链金融［J］. 经济理论与经济管理，2019（10）.

［60］苏明. 基于SCOR模型的京东商城供应商关系管理研究［J］. 物流技术与应用，2018（8）.

［61］唐慧静. 供应链核心企业的风险预测与规避［D］. 上海：上海海事大学，2005.

［62］滕艳芬. W公司供应链风险管理研究［D］. 北京：北京化工大学，2020.

［63］童健，温海涛. 基于SCOR模型的供应链绩效评估：一个创新的参数OFE［J］. 中国管理科学，2011，19（2）.

［64］万骁乐，王茜，孟庆春，杜元伟. 生产规模不经济性条件下考虑消费者偏好的智慧供应链扶贫模型研究［J］. 中国管理科学，2020.

［65］王常伟，吴志华. 从嘉吉公司看我国粮食物流的症结［J］. 粮食与饲料工业，2008（2）.

［66］王常伟，吴志华. 基于供应链管理的粮食企业经营模式创新——来自宝泰米业的实证分析［J］. 粮食流通技术，2009（6）.

［67］王可，周亚拿. 信息化建设、供应链信息分享与企业绩效——基于中国制造业企业的实证研究［J］. 中国管理科学，2019，27（10）.

［68］王石舟. 粮食物流信息化研究［D］. 南京：南京财经大学，2006.

［69］王石舟. 美国大型农产品企业（ADM、Cargill）供应链探悉［J］. 商场现代化，2006（7）.

［70］王夏阳，陈功玉. 技术变革对供应链管理的影响——以RFID技术应用为例［J］. 科技管理研究，2006（1）.

［71］王雨，徐莉. 企业库存信息化管理优化策略［J］. 企业经济，2019（9）.

［72］吴慧芳. 基于中小企业抱团的集群供应链模式构建研究［D］. 南京：南京财经大学，2016.

［73］吴雯. 基于供应链整合视角的粮食应急物流创新研究［D］. 南京：南京财经大学，2017.

［74］吴志华，葛海波. 南京都市圈现代物流体系发展研究［A］. 上海交通大学. 2010国际都市圈发展论坛会议论文集［C］. 上海交通大学：上海交通大学中国都市圈发展与管理研究中心，2010（7）.

［75］吴志华，胡非凡. 粮食供应链整合研究——以江苏省常州市粮食现代物流中心为例［J］. 农业经济问题，2011，32（4）.

［76］吴志华，胡学君，吴雯. 以港口供应链整合打通"一带一路"T型发展的"肠梗阻"——以连云港为例［J］. 淮海工学院学报（人文社会科学版），2016，14（6）.

［77］吴志华，刘念. 我国粮食物流发展研究（2019—2020年）［J］. 粮食科技与经济，2020，45（4）.

［78］吴志华，吴雯，陈其清. "一带一路"粮食物流战略制定与实施——关于编制由大企业主导的"一带一路"粮食物流通道建议［J］. 粮食科技与经济，2016，41（1）.

［79］吴志华，徐艳丹，胡非凡. 跨国粮商冲击下的粮食流通安全问题探析［J］. 南京财经大学学报，2011（3）.

[80] 吴志华，张娟．基于供应链的粮食宏观调控整合研究——以农户结算卡项目试点为例［J］．农业经济问题，2012，33（12）．

[81] 吴志华．基于 OEM 的精敏供应链创新——来自联泰的案例分析［J］．经济管理，2008（17）．

[82] 吴志华．基于集群供应链的文化产业园发展路径［J］．南京财经大学学报，2008（5）．

[83] 邢梦月．供应链管理服务企业的风险识别与防范［D］．北京：北京交通大学，2020．

[84] 徐文超．"一带一路"粮食供应链整合风险研究［D］．南京：南京财经大学，2018．

[85] 徐宣国，刘飞，王云飞．基于 SCOR 的制造企业生产物流模型构建及其应用［J］．科技管理研究，2013（13）．

[86] 徐艳丹．主销区粮食物流快速响应能力影响因素研究［D］．南京：南京财经大学，2012．

[87] 许培培．基于 SCOR 模型的怡亚通公司供应链风险识别与防范［D］．南昌：江西财经大学，2018．

[88] 颜天宝，叶平，吴志华．提高供应链透明度的 RFID 技术——以沃尔玛 RFID 战略为例［J］．物流科技，2008（8）．

[89] 杨金娥．当代地理信息大数据技术应用分析——评《地理信息系统应用实践教程》［J］．地理科学进展，2020，39（10）．

[90] 张迎迎，李严锋，刘森，杨俊艾．云计算背景下基于 SCOR 模型的农产品供应链管理研究［J］．物流工程与管理，2017，39（9）．

[91] 赵林度，王海燕．供应链与物流管理［M］．北京：高等教育出版社，2018．

[92] 赵雪辰．ZC 公司的供应链风险管理研究［D］．西安：西安理工大学，2020．

[93] 赵燕林．粮食供应链信息共享价值研究［D］．南京：南京财经大学，2012．

[94] 甄学平．运营中断风险下制造商风险转移和供应链风险分担策略研究［D］．天津：南开大学，2015．

[95] 郑筠，冯盈．基于 SCOR 模型的作业管理研究以及仿真分析［J］．工业工程，2013，16（3）．

[96] 周昂．A 公司的供应链业务风险管理研究［D］．南京：南京邮电大学，2020．

[97] 朱煜．政策工具视角的我国供应链创新战略分析［J］．《经济研究参考》，2018（21）．

[98] 朱自珍．咨询业服务供应链绩效评价与实例研究［D］．武汉：华中科技大学，2013．